All-new 망고네
강아지 밥상

국내 1호 자연식관리사 박은정 지음

단한권의책

contents

머리말　006

 **chapter 1 반려견 자연식을 시작하기 전에**

- 010　펫 영양사가 알려주는 반려견 자연식의 기초
- 014　반려견 자연식을 구성하는 영양소
- 015　반려견의 식재료
- 016　천연 간식으로 활용 가능한 재료
- 016　자연식을 만들기 전 준비물
- 017　이 책에 실린 레시피 활용법과 재료 구입

 **chapter 2 제철 재료를 사용한 반려견 자연식**

봄
- 021　소고기 비트죽
- 022　파인애플 에그 영양식
- 023　펫 콩나물국
- 024　메추리알 옥수수덮밥
- 025　양송이버섯 라이스
- 026　우엉 토핑 믹스
- 027　토마토 우유국
- 028　크래미 달래밥
- 029　두부 두릅 특식
- 030　가자미 유부 스프

여름
- 032　소고기 치즈 라이스
- 033　수박 두부 특식
- 034　대구살 에그 로스트
- 035　소고기 들깨밥
- 036　망고 소고기구이
- 037　배추쌈 치즈밥
- 038　멜론 듬뿍 영양식
- 039　스페셜 명태 프라이
- 040　양고기 새우국
- 041　멸치 소고기 브리

가을
- 043　소고기 페어
- 044　단호박 야채비빔
- 045　에그 팬케이크
- 046　쌀국수 스크럼블
- 047　소고기 완자탕
- 048　연어 흑미 특식
- 049　원기회복 기장탕
- 050　홍시 잡채밥
- 051　소고기 동그랑땡
- 052　연어 두유탕

 **겨울**
- 054　닭가슴살 야채볶음
- 055　순두부 바나나덮밥
- 056　단호박 수제비
- 057　귤 자연식
- 058　딸기 미역 특식
- 059　달콤한 파래 자연식
- 060　단호박 우유조림
- 061　아귀 수수밥
- 062　달걀 무염치즈 오믈렛
- 063　양고기 영양국

chapter 3 체내 기능 강화에 도움이 되는 반려견 자연식

심장에 도움이 되는 자연식
- 067　크랜베리 현미 라이스
- 068　녹두 버섯국
- 069　영양 달걀찜
- 070　양고기 쑥갓볶음
- 071　연어 두부 스프

신장에 도움이 되는 자연식
- 073　대추 밤죽
- 074　모둠콩 자연식
- 075　쉬림프 포크 라이스
- 076　감자볶음 자연식
- 077　검은콩 오이 특식

간에 도움이 되는 자연식
- 079　소고기 쑥갓죽
- 080　곤약 결명자차 자연식
- 081　모둠버섯 자연식
- 082　쥐눈이콩밥
- 083　낫토 멸치 버무리

소화기관에 도움이 되는 자연식
- 085　두부 메밀 부침밥
- 086　대구 도토리묵 자연식
- 087　토란볶음 펫밥
- 088　칼슘 듬뿍 딸기밥
- 089　망고 가자미구이

면역력에 도움이 되는 자연식
- 091　가지볶음 자연식
- 092　우뭇가사리 야채믹스 펫밥
- 093　감자 무염치즈볶음
- 094　낫토 토핑 라이스
- 095　메추리볼 토마토밥

chapter 4 간편하게 만드는 반려견 수제간식

간편하게 만드는 반려견 수제간식 레시피
- 098　수제 닭고기 소시지
- 098　소고기 새싹 푸딩
- 098　오리고기 컵케이크
- 099　단호박죽
- 099　우유 큐브
- 099　3색 시리얼
- 100　바나나 쿠키
- 100　수박 아이스크림
- 100　고구마 쉬폰 케이크
- 101　야채 스틱
- 101　펫베이글

chapter 5 반려견 자연식 Q&A
- 104　Q&A

머리말

"엄마의 삶 모든 순간에 제가 함께할 수는 없지만, 제 삶의 전부에 엄마가 함께 있어서 무척 행복해요."

반려동물이 인간의 말을 할 수 있다면 모든 보호자에게 이렇게 감사 인사를 하지 않을까요? 비록 짧은 말이지만 고마워하는 마음만큼은 충분히 느낄 수 있다고 생각합니다. 저는 반려견이 반려인에게 감사한 마음을 갖고 있으리라는 믿음으로 '펫 영양사'라는 직업을 선택하여 반려동물을 위한 푸드 교육과 사업, 컨설팅을 해왔습니다. 그리고 많은 것을 배웠지요.

제가 자연식 교육을 할 때 항상 강조하는 것이 있습니다. 펫푸드 분야는 많은 사람이 말하듯 내 아이를 얼마나 사랑하는지, 혹은 내 아이에게 얼마나 관심을 쏟는지 등의 기준으로 말할 수 없다는 점입니다. 인간에게 의식주는 삶의 기본입니다. 타인의 사랑과 관심과는 상관없이 인간으로서 살아가기 위해 기본적으로 충족되어야 하지요. 마찬가지로 동물에게 음식은 삶의 기본이며, 생명을 유지하고 건강한 삶을 누리게 하는 초석입니다.

현재, 반려동물 관련 사업에 대한 관심은 어느 때보다도 뜨겁습니다. 그중 펫푸드 분야는 가장 높은 관심을 받고 있지요. 동물을 사랑하는 마음과 별개로 사업적 목적을 갖고 펫푸드 분야에 뛰어드는 사람들을 만나면서 수많은 생각을 했습니다. 사업 자체로든, 동물에 대한 사랑으로든 수익이 창출된다면 그것을 사업의 목적이라고 말할 수 있을 것입니다. 저는 그 목적이 무엇이든 많은 이들이 펫푸드 사업을 시작하길 바랍니다. 또한 이미 사업을 하고 있는 모든 분을 응원합니다. 많은 사람이 이 일을 시작하면 더 많은 보호자들이 펫푸드에 관심을 갖게 될 것이라 믿기 때문입니다. 다만, 동물의 영양은 전문 지식을 필요로 하기 때문에 전문가 수준의 지식을 갖고 사업을 시작해야 합니

다. 정확한 정보를 보호자에게 전달하는 매개체가 되어 보호자가 반려동물을 키우는 데 도움을 주어야 하지요. 보호자 또한 내 아이에게 맞는 음식을 선택하는 눈을 갖추고 내 아이를 위한 식사는 내 손으로 직접 만들어주는 수준이 되어야 하고요.

반려동물은 '생명체'라는 면에서 사람과 같지만 각 종이 지닌 특성으로 인해 필요한 영양소가 인간과 매우 다르고 복잡합니다. 몸의 모든 부위가 영양과 연결되어 있기도 하지요. 그러니 내 아이에게 맞는 영양을 제대로 이해하고 아이의 밥을 직접 만들어보시길 바랍니다. 그 속에서 뿌듯한 기쁨을 누리고, 자연식으로 변화해가는 반려동물의 건강 상태를 느낄 수 있을 것입니다. 나아가 이런 사람들이 모여 더욱 질 높은 펫푸드 시장이 탄생해 아이들의 건강을 함께 관리하는 순간이 오길 간절히 바라봅니다.

펫 영양사라는 직업을 갖게 되기까지 지난 10년 동안 일본과 한국 등을 오가며 제가 깨달은 바는 음식으로 달라질 수 없는 것은 그 어떤 것으로도 달라질 수 없다는 점입니다. 그것을 증명하기 위해 수많은 시간 동안 연구하고 공부해온 결과, 반려견의 영양을 보호자에게 정확히 안내하고 체계적인 건강 설계를 할 수 있는 실력을 갖추게 되었습니다. 그런 저의 장점을 살려 영양적 요소를 가미하여 보호자가 직접 자연식을 만들 수 있도록 이 책에 다양한 레시피를 수록했습니다. 반려인은 자신의 반려동물에게 영양이 담긴 자연식을 급여하고, 미래의 펫 영양사를 꿈꾸는 꿈나무는 자연식을 다양하게 접해보는 기회가 되리라 생각합니다.

그동안 부족한 주인이지만 늘 저와 함께하면서 잘 자라준 망고와 베리, 반려묘 투투에게 고마운 마음을 전하고 싶습니다.

이 책에 새롭게 수록된 내용이 수많은 반려동물 보호자들에게 더욱 유익한 도움이 되기를 진심으로 바랍니다.

2021년 7월 **박은정**

chapter 1

반려견 자연식을 시작하기 전에

펫 영양사가 알려주는 반려견 자연식의 기초

반려견 자연식이란 사람이 먹을 수 있는 재료로 반려견에게 적합한 영양 배합을 통해 보호자가 가정에서 직접 만들어주는 반려견의 식단을 말한다.

사료가 개발되기 전 반려동물의 식사는 사람이 먹고 남은 음식물 찌꺼기를 먹는 일이 대부분이었다. 사람을 위해 만든 요리를 반려동물이 같이 먹으면서 사람과 동일한 영양분을 섭취하고, 그 결과 과도한 염분 등으로 인한 문제가 생겨나기 시작했다.

이를 보완하여 반려동물에게 맞는 영양소를 연구하고 개발하여 편리하게 먹이를 제공할 수 있는 '사료'를 제작하게 되었다. 사료는 부패가 쉽지 않고 보관이 용이하여 현재까지 전 세계적으로 반려동물의 주식으로 자리매김하고 있다. 하지만 사료에는 인위적인 성분과 보관을 위한 방부제 등이 첨가되어 있다. 또한 렌더링이라는 사료 제조 과정이 어떻게 이루어지는지 보호자가 직접 확인할 수 없다는 단점이 있다. 그 결과, 사료의 단점을 보완하고 원재료를 직접 확인하면서 보호자 스스로 제작까지 완료하는 것이 현재의 자연식이다. 오늘날 자연식은 사료의 단점을 줄임과 동시에, 사람이 먹는 음식과 동일한 재료로 만든 음식을 먹는 반려동물에게 알맞은 영양을 적용하면서 점차 발전하고 있다.

자연식이 무조건 긍정적인 것만은 아니다. 반려동물의 영양은 꽤나 전문적인 분야로, 잘못 설정된 자연식은 오히려 정밀한 비율로 만들어진 사료보다 못할 수 있다. 따라서 자연식은 애니멀푸드전문가가 구성하여 반려동물의 영양에 큰 오점이 없어야 한다.

반려동물의 영양에 대한 전문 지식이 부족한 상태에서 제작한 자연식이나 인터넷을 통해 가볍게 제작한 자연식은, 오히려 사료를 공급했을 때보다 문제가 더욱 심각해질 수 있다. 반려동물을 위한 자연식은 내 마음대로 만드는 보여주기식 요리가 아니라, 반려동물에게 맞는 영양의 균형을 녹여낸 천연 푸드임을 명심하길 바란다.

내 반려견은 내 가족이다. 반려견을 내 아이라고 생각한다면 보호자로서 밥을 만들어 주는 것을 단순한 취미생활이나 귀찮은 일로 여겨서는 안 된다. 반려동물의 보호자로서 갖추어야 할 필수 요건이기 때문이다.
내 반려견의 식생활과 식성, 필요한 음식이 무엇인지 아는 것은 반려견을 키우는 보호자로서 지녀야 하는 기본이다. 반려견이 사람과 같이 살기 위해 펫티켓을 갖추고 훈련을 하는 것과 같이, 사람은 반려동물이 건강한 삶을 살 수 있도록 배움을 통해 관리해주어야 한다.

그럼 반려견의 식생활과 식성에 대해 알고 있어야 할 기본 지식에는 무엇이 있는지 이어서 알아보자.

반려견의 식생활과 식성에 대해 알고 있어야 할 기본상식을 알아보자.

첫 번째,
내가 먹는 음식의 재료를 고를 때처럼 반려견 역시 신선한 재료를 사용해야 더욱 건강한 자연식을 만들 수 있다. 계절마다 나오는 제철 재료는 사람뿐만 아니라 반려견에게도 매우 영양가 높은 재료로 건강한 애니멀라이프에 많은 도움을 준다.

두 번째,
자연식을 시작하면 수분 공급이 수월해진다. 각종 재료에 함유되어 있는 수분을 섭취하게 되므로 특별한 이유가 없다면 인위적인 수분 공급을 하지 않아도 큰 무리가 없다.

세 번째,
반려견은 단맛·쓴맛·신맛 등 다양한 맛을 느낄 수 있다. 자연식을 공급하면 재료에 담긴 천연 그대로의 맛을 느낄 수 있어서 기호성이 매우 우수하다. 또한 다양한 제형으로 식단 구성이 가능하기 때문에 반려견에게 건강과 함께 먹는 즐거움을 선물할 수 있다.

네 번째,
드라이푸드의 경우 소화흡수에 걸리는 시간이 12시간 이상이지만 자연식은 약 4~6시간이면 충분하다. 따라서 소화기관에 무리를 주지 않는다는 장점이 있다. 소화가 원만히 되면 자연스럽게 변 상태도 좋아지고 냄새도 줄어들게 된다.

다섯 번째,

자연식을 급여할 경우 몸무게가 줄어들기도 한다. 일정 시점까지 감소되면서 탄탄한 몸의 밸런스를 갖추게 되면, 그 상태를 유지하는 데 도움을 주는 것이 자연식이다. 비만으로 생길 수 있는 각종 질병 예방이 가능하고 컨디션 또한 좋아지므로 활기찬 생활을 할 수 있게 된다.

여섯 번째,

화학적 요소가 배제된 식단인 자연식을 공급하면 면역력이 높아지고 반려견의 자연 치유 능력 또한 향상된다. 자연 치유 능력이란 스스로 각종 세균과 바이러스 등에 대항하는 능력을 말한다. 질병 치료를 받는 반려견에게는 치료 기간을 단축시키거나 약물의 효능이 효과적일 수 있도록 해주며, 건강한 반려견에게는 건강을 유지하도록 밑거름이 되어준다.

일곱 번째,

일반 사료를 주식으로 먹는 반려견에게 자연식은 디톡스 식단의 역할을 한다. 따라서 사료와 병행할 때 1주일을 기준으로 2일 정도 디톡스 기간으로 설정해 자연식을 공급하면 체내 독소와 각종 화학물질, 생활환경에서 오는 유해물질 등을 해독하는 기능을 발휘한다.

🐾 반려견 자연식을 구성하는 영양소

반려견 자연식을 구성할 때는 필수 영양소를 반드시 충족시켜야 한다.
단백질·지방·탄수화물·비타민·무기질 5가지 영양소를 기본으로 하고, 여기에 수분을
추가하면 반려견을 위한 6대 영양소가 충족된다.

단백질
단백질은 신체 조직의 구성과 생명 유지 역할을 담당하는 영양소이다. 육류를 비롯하여 어류, 난류 등 다양한 재료가 단백질 공급원이 된다.

지방
지방은 에너지를 생성하는 역할을 하고 피부와 모질에도 영향을 끼친다. 반려견은 지방을 통해 오메가3, 오메가6 등의 영양소를 공급받는다.

탄수화물
탄수화물은 에너지를 원활하게 공급하는 역할을 하며, 위장 및 소화기관과 관계있는 영양소이다. 특히 임신한 반려견에게 탄수화물은 모견 및 자견 모두의 건강에 중요한 역할을 한다.

비타민
비타민은 반려견의 생체에서 생리 과정을 조절하는 역할을 한다. 예를 들면 항산화·면역 기능 활성화·세포 증식 등 기능적 요소를 담당하는 것이 비타민이다.

무기질
무기질은 뼈의 형성과 혈액 순환 기능을 돕고, 효소·신경계·호르몬에 다양한 역할을 하며, 그 종류가 다양하기 때문에 각 무기질 간의 균형이 중요하다.

🐾 반려견의 식재료

반려견에게 유익한 식재료는 각 레시피마다 제공되는 포인트 재료를 참고하기 바란다.

반려견에게 해로운 재료

파류
양파·대파·부추 등의 파류는 적혈구를 파괴하고 혈뇨, 설사 등을 유발한다. 파류는 가열해도 반려동물에게 유해한 성분이 파괴되지 않기 때문에 절대로 사용을 금한다. 또한 파류를 이용한 육수 등도 공급하면 안 된다.

포도와 건포도
반려견에게 쇼크와 중독 등의 증상을 유발할 수 있는 재료, 신부전의 원인이 될 수 있다. 특히 포도 껍질은 더욱 조심해야 한다.

고추류
고추(청고추, 홍고추 등)는 반려견의 소화기관을 자극하여 설사 등의 원인이 될 수 있다. 이런 재료를 섭취하면 간이나 신장에도 부담을 주어 문제가 생길 수 있다.

자일리톨
매우 적은 양으로도 혈당 저하, 간 기능 이상을 동반할 수 있으므로 각별히 조심해야 한다.

삶거나 튀긴 닭 뼈
삶거나 튀긴 닭 뼈는 세로로 커팅되어 있을 가능성이 높아서 목과 위장에 상처를 주거나 파열을 일으킬 수 있기 때문에 조심해야 한다.

🐾 천연 간식으로 활용 가능한 재료

양배추 - 깨끗하게 세척하여 삶거나 쪄서 공급하면 천연 간식으로 손색이 없다. 위와 소화기에 무리를 주지 않고 수분을 보충할 수 있다.

단호박 - 껍질을 깨끗하게 씻고 삶아서 조각으로 자르면 천연 간식으로 활용이 가능하다. 단호박 특유의 단맛은 반려견의 입맛을 자극하므로 기호성이 우수하다.

메추리알 - 삶은 후 껍데기를 벗겨내면 단백질을 공급해주는 천연 간식이 된다. 메추리알 10개는 달걀 2개와 양이 비슷하다. 달걀보다 용량 조절이 쉽게 때문에 천연 간식으로 손색이 없다.

🐾 자연식을 만들기 전 준비물

반려견 자연식을 만들기 전에 준비해야 할 필수 도구와 재료가 있다.
미리 준비해 나의 반려견에게 꾸준히 자연식을 급여해보자.

전자저울 - 다양한 식재료를 정확하게 계량하기 위해 반드시 필요한 도구이다. 1g, 0.1g 등은 수치상 매우 적은 양이지만 반려동물에게는 좋은 영향을 주기도 하고, 나쁜 영향을 끼치기도 한다. 그러므로 소수점 아래까지 표기되는 전자저울을 준비해 계량하는 것이 좋다.

계량스푼 - 계량스푼은 사이즈별로 구비하는 것이 좋다. 파우더류의 계량을 위해서도 반드시 필요하다.

🐾 이 책에 실린 레시피 활용법과 재료 구입

이 책에서는 반려견의 몸무게를 5, 10, 15, 20kg, 4가지로 나누어 레시피를 구성하고 있다. 3, 7kg 등 표기되지 않은 몸무게를 지닌 반려견의 자연식은 기준 몸무게에서 용량을 20~30% 가감하여 급여한다. 예를 들어 A 레시피를 20% 줄여 공급할 경우, 제시된 다른 모든 재료도 20% 줄인 양을 공급해야 한다.

레시피별 용량은 반려견에게 하루에 필요한 칼로리를 기준으로 하루 2회 제공 시 1회 용량으로 설정되었다. 따라서 처음 자연식을 시도할 경우 제공 양은 동일하게 하되 급여 횟수를 늘리거나, 용량 전체를 줄여서 시도해야 한다.

이 책에서는 제철 재료를 사용한 반려견 자연식 레시피를 계절별로 10가지씩, 체내 기능 강화에 도움을 주는 자연식 레시피를 5가지씩 소개하고 있다. 단조로운 자연식이 아니고 다양하고 질 높은 재료로 양질의 영양소를 공급할 수 있도록 구성했다.

이 책에 실린 레시피는 펫 영양사가 다양한 재료를 이용해 영양에 균형을 입힌 것이다. 따라서 보호자가 마음대로 재료를 변경하거나 가감하는 것은 권하지 않는다.

개는 우리 삶의 전부는 아니다.
그러나 우리 삶을 완전하게 만든다.

-로저 카라스

제철 재료를 사용한 반려견 자연식

spring

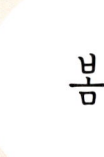

봄

소고기 비트죽

재료
소고기, 백미밥, 바나나, 브로콜리, 청경채, 양배추, 비트, 올리브유

조리 과정
① 비트를 믹서에 간 후 완전히 익힌다.
② 브로콜리와 양배추를 한입 크기로 자르고 청경채를 다진 후 완전히 삶는다.
③ 바나나는 백미밥과 혼합한다.
④ 소고기를 한입 크기로 자른 후 완전히 익힌다.
⑤ 그릇에 완성된 재료를 담고 올리브유를 첨가한다.

포인트 재료 : 비트
비트는 반려견의 혈관 및 혈액 관리에 도움을 주는 재료이다. 천연의 붉은 색소로 인해 소변이 붉은 색을 띌 수 있다.

재료(g) \ 몸무게(kg)	5	10	15	20
소고기	75	125	175	227
백미밥	8	14	20	25
바나나	15	26	37	47
브로콜리	30	53	75	96
청경채	74	125	177	227
양배추	63	106	150	192
비트	39	65	92	119
올리브유	0.1	0.2	0.3	0.4

비트
Beet

파인애플 에그 영양식

🐾 재료
소고기, 달걀, 백미밥, 유채, 무, 콜리플라워, 양송이버섯, 파인애플, 올리브유

🐾 조리 과정
① 소고기를 한입 크기로 자르고 완전히 익힌다.
② 양송이버섯과 파인애플을 잘게 다진 후 달걀을 섞어 팬에 스크럼블 한다.
③ 무는 얇게 채 썰고 콜리플라워와 유채는 잘게 다진다.
④ 백미밥에 물 50ml를 붓고 ③을 넣어 완전히 익힌다.
⑤ 완성된 재료를 그릇에 담고 올리브유를 첨가한다.

🐾 포인트 재료 : 파인애플
파인애플에 함유된 풍부한 비타민은 반려견에게 천연 비타민으로 도움을 준다. 또한 단백질 분해 효소가 함유되어 소화에 유익하다.

재료(g) \ 몸무게(kg)	5	10	15	20
소고기	37	63	88	113
달걀	36	61	86	110
백미밥	16	28	40	51
유채	15	25	36	46
무	94	159	225	288
콜리플라워	30	51	72	92
양송이버섯	27	46	65	83
파인애플	24	41	58	75
올리브유	0.1	0.2	0.3	0.4

파인애플
Pineapple

펫 콩나물국

🐾 재료
소고기, 백미밥, 콩나물, 봄동, 당근, 무, 양상추, 올리브유

🐾 조리 과정
① 소고기를 잘게 다진 후 백미밥과 섞어 냄비에 물 100ml를 넣고 익힌다.
② 콩나물을 잘게 다지고 봄동과 무, 당근은 슬라이스 하여 자른다.
③ ②를 냄비에 넣고 완전히 익힌다.
④ 양상추를 한입 크기로 자르고 살짝 익힌다.
⑤ 완성된 재료를 그릇에 담고 올리브유를 첨가한다.

🐾 포인트 재료 : 콩나물
콩나물은 반려견의 영양적 균형을 잡아주는 좋은 식재료이다. 반려견의 변비를 완화시켜 주며 수분이 풍부하여 수분 보충에도 도움이 된다.

재료(g) \ 몸무게(kg)	5	10	15	20
소고기	75	125	175	227
백미밥	16	28	40	51
콩나물	35	59	83	107
봄동	43	72	102	131
당근	17	28	40	52
무	63	106	150	192
양상추	60	103	147	189
올리브유	0.1	0.2	0.4	0.6

콩나물

메추리알 옥수수덮밥

🐾 재료
닭가슴살, 메추리알, 백미밥, 옥수수, 완두콩, 파프리카, 브로콜리, 적양배추, 올리브유

🐾 조리 과정
① 완두콩과 옥수수를 알맹이만 완전히 익힌다.
② 파프리카와 브로콜리, 적양배추를 잘게 다져서 완전히 볶는다.
③ 닭가슴살을 한입 크기로 자른 후 완전히 익힌다.
④ 메추리알에 ①과 백미밥을 혼합하여 팬에 스크램블 한다.
⑤ 완성된 재료를 그릇에 담고 올리브유를 첨가한다.

🐾 포인트 재료 : 파프리카
파프리카는 반려견에게 비타민과 수분을 보충하기 좋은 재료이다. 또한 중성지방 분해에도 유용하다.

재료(g) \ 몸무게(kg)	5	10	15	20
닭가슴살	42	70	100	128
메추리알	29	49	70	89
백미밥	11	20	28	36
옥수수	6	11	16	20
완두콩	13	22	31	40
파프리카	21	36	51	65
브로콜리	15	26	37	48
적양배추	49	83	118	151
올리브유	0.1	0.2	0.3	0.4

파프리카
Paprika

양송이버섯 라이스

재료
닭가슴살, 백미밥, 가지, 애호박, 양송이버섯, 브로콜리, 오이, 아마씨유

조리 과정
① 가지, 애호박, 양송이버섯을 잘게 다진 후 완전히 익힌다.
② 오이는 슬라이스 하여 자르고 브로콜리는 한입 크기로 자른다.
③ 닭가슴살을 잘게 다져서 완전히 삶은 후 백미밥과 브로콜리를 넣고 익힌다.
④ 완성된 재료를 그릇에 담고 아마씨유를 첨가한다.

포인트 재료 : 브로콜리
반려견에게 브로콜리는 영양이 풍부한 식재료이다. 피부 트러블을 방지하고 피부 점막을 강화하는 데 유용하다. 충분히 익혀서 소화하기 쉽도록 요리해야 한다.

재료(g) \ 몸무게(kg)	5	10	15	20
닭가슴살	84	142	200	256
백미밥	8	14	20	25
가지	40	69	97	125
애호박	25	86	121	156
양송이버섯	54	92	130	166
브로콜리	31	53	75	96
오이	37	62	88	113
아마씨유	0.1	0.3	0.4	0.6

브로콜리

우엉 토핑 믹스

🐾 재료
소고기, 백미밥, 우엉, 새송이버섯, 고구마, 배추, 무, 올리브유

🐾 조리 과정
① 소고기를 잘게 다진 후 백미밥과 함께 팬에 볶는다.
② 우엉을 슬라이스 하여 물에 20분 정도 담가둔다.
③ 무는 슬라이스로 자르고 ②의 우엉과 함께 완전히 익힌다.
④ 새송이버섯, 고구마, 배추를 잘게 다진 후 완전히 익을 때까지 삶는다.
⑤ 완성된 재료를 그릇에 담고 올리브유를 첨가한다.

🐾 포인트 재료 : 우엉
반려견의 장 관리와 소화 촉진에 우수한 재료이다. 단, 과량 공급을 피해야 한다.

재료(g) \ 몸무게(kg)	5	10	15	20
소고기	75	125	175	227
백미밥	8	14	20	25
우엉	20	34	48	62
새송이버섯	64	108	153	197
고구마	10	17	24	31
배추	68	115	162	208
무	94	159	225	288
올리브유	0.1	0.2	0.3	0.4

우엉
Burdock

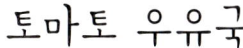

토마토 우유국

재료
소고기, 백미밥, 락토프리 우유, 아스파라거스, 무, 토마토, 검은깨, 올리브유

조리 과정
① 소고기를 잘게 다져서 완전히 익힌다.
② 토마토는 다지고 아스파라거스와 무는 슬라이스 하여 자른다.
③ 냄비에 백미밥과 ②의 재료를 넣고 완전히 익힌다.
④ ③의 재료가 익으면 우유를 넣고 1~2분 정도 끓인다.
⑤ 완성된 재료를 그릇에 담고 올리브유와 검은깨를 첨가한다.

포인트 재료 : 검은깨
검은깨는 다양한 용도로 사용할 수 있다. 칼슘이 풍부하여 반려견의 뼈 관리에 도움이 되며 세포막이 정상적으로 유지되도록 보조해준다.

재료(g) \ 몸무게(kg)	5	10	15	20
소고기	60	100	141	181
백미밥	16	28	40	51
락토프리 우유	33	55	78	100
아스파라거스	93	156	220	284
무	31	53	75	96
토마토	117	197	278	357
검은깨	1	1	2	2
올리브유	0.1	0.2	0.3	0.4

검은깨
Black sesame

크래미 달래밥

🐾 재료
게살, 달걀, 두부, 흑미밥, 브로콜리, 무, 달래, 올리브유

🐾 조리 과정
① 게살을 물에 삶은 후 슬라이스 하여 자른다.
② 브로콜리와 달래는 잘게 다지고 무는 슬라이스 하여 완전히 익힌다.
③ 두부를 10분 정도 삶아낸 다음 으깨어 달걀, 흑미밥과 함께 완전히 익힌다.
④ 완성된 재료를 그릇에 담고 올리브유를 첨가한다.

🐾 포인트 재료 : 흑미
흑미는 반려견에게 양질의 탄수화물을 공급해준다. 뼈와 눈 건강에 도움이 되지만 소화가 어려울 수 있으니 완전히 익혀야 한다.

재료(g) \ 몸무게(kg)	5	10	15	20
게살	35	60	84	108
달걀	36	61	86	110
두부	20	34	48	61
흑미밥	7	13	18	24
브로콜리	63	106	150	192
무	94	159	225	288
달래	51	86	121	156
올리브유	0.1	0.2	0.3	0.4

흑미
Black rice

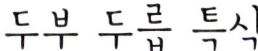

두부 두릅 특식

🐾 재료
소고기, 백미밥, 두부, 두릅, 새송이버섯, 무염버터, 올리브유

🐾 조리 과정
① 두부를 10분 정도 삶고 깍둑썰기하여 올리브유와 함께 팬에 노릇노릇 굽는다.
② 새송이버섯을 잘게 다져서 완전히 익힌다.
③ 소고기와 두릅은 잘게 다져서 무염버터와 함께 팬에 익힌다.
④ 그릇에 백미밥을 담고 완성된 재료를 올린다.

🐾 포인트 재료 : 무염버터
무염버터는 반려견에게 사용이 가능한 재료지만 과량 공급하면 안 된다. 소량씩 특별한 재료로 활용한다.

무염버터
Unsalted butter

재료(g) \ 몸무게(kg)	5	10	15	20
소고기	52	88	124	159
백미밥	16	28	40	51
두부	30	51	72	92
두릅	42	71	100	129
새송이버섯	107	181	256	328
무염버터	0.5	1	1.2	1.5
올리브유	0.1	0.2	0.3	0.4

가자미 유부 스프

재료
가자미살, 백미밥, 유부, 감자, 달래, 상추, 다시마, 올리브유

조리 과정
① 다시마를 잘게 다진 후 물에 끓여 육수를 만든다.
② 가자미를 한입 크기로 자른 후 백미밥과 함께 ①에 넣어 완전히 익힌다.
③ 감자, 달래를 작게 자른 다음 충분히 삶고 상추는 다져서 데친다.
④ 유부를 한입 크기로 자른 후 15분 정도 삶는다.
⑤ 완성된 재료를 그릇에 담고 올리브유를 첨가한다.

포인트 재료 : 유부
성장기 반려견의 발육에 도움이 되는 재료이다. 단, 지방이 많으므로 지방과 기름을 반드시 제거해야 하며 익혀서 급여한다.

재료(g) \ 몸무게(kg)	5	10	15	20
가자미살	103	111	156	200
백미밥	13	22	32	41
유부	5	8	12	15
감자	8	14	20	26
달래	51	86	121	156
상추	68	115	162	208
다시마	24	18	26	34
올리브유	0.1	0.2	0.3	0.4

유부
Fried tofu

여름

소고기 치즈 라이스

재료
소고기, 백미밥, 무염치즈, 아욱, 애호박, 당근, 무, 양상추, 올리브유

조리 과정
① 아욱과 양상추를 잘게 다져서 데친다.
② 당근, 애호박, 무를 잘게 다져서 완전히 삶는다.
③ 소고기를 잘게 다져 백미밥과 함께 완전히 익힌 다음 무염치즈와 버무린다.
④ 완성된 재료를 그릇에 담고 올리브유를 첨가한다.

포인트 재료 : 아욱
아욱은 칼슘이 풍부하며 뼈 건강에 도움이 된다. 장 건강에도 유용하지만 지나치게 많이 공급하면 미네랄이 과량 제공될 수 있으므로 주의한다.

재료(g) \ 몸무게(kg)	5	10	15	20
소고기	45	76	107	137
백미밥	16	28	40	50
무염치즈	13	22	31	40
아욱	55	95	134	172
애호박	50	85	120	156
당근	17	28	40	52
무	30	53	75	96
양상추	63	106	150	192
올리브유	0.1	0.2	0.3	0.4

아욱
Malva

수박 두부 특식

재료
닭가슴살, 백미밥, 두부, 적양배추, 브로콜리, 새싹채소, 당근, 수박, 올리브유

조리 과정
① 닭가슴살을 한입 크기로 자른 후 완전히 삶는다.
② 두부를 10분 정도 삶고 으깬다.
③ 브로콜리, 적양배추를 한입 크기로 자르고 백미밥과 함께 완전히 익힌다.
④ 당근을 갈아서 완전히 익힌 후 ③에 넣어 섞는다.
⑤ 완성된 재료를 그릇에 담고 수박을 한입 크기로 잘라 새싹채소, 올리브유를 함께 올린다.

포인트 재료 : 새싹채소
다양한 종류의 새싹채소를 반려견에게 급여하면 풍부한 비타민과 식이섬유를 공급할 수 있다. 완전히 가열하지 않고 소량씩 채소 자체로 사용하는 것이 좋다.

재료(g) \ 몸무게(kg)	5	10	15	20
닭가슴살	67	113	160	205
백미밥	16	28	40	50
두부	20	34	48	60
적양배추	50	83	118	150
브로콜리	47	79	112	144
새싹채소	0.5	0.7	1	1
당근	17	28	40	52
수박	16	54	38	49
올리브유	0.1	0.3	0.4	0.5

새싹채소
Green vegetables

대구살 에그 로스트

재료
대구살, 달걀, 백미밥, 단호박, 당근, 애호박, 브로콜리, 검은깨, 올리브유

조리 과정
① 단호박, 당근, 애호박, 브로콜리를 잘게 다진다.
② 대구살을 잘게 다져서 냄비에 ①과 함께 넣어 완전히 익힌다.
③ ②가 충분히 익으면 백미밥과 달걀을 풀어 익을 때까지 끓인다.
④ 완성된 재료를 그릇에 담고 올리브유와 검은깨를 첨가한다.

포인트 재료 : 대구
대구는 반려견에게 양질의 단백질을 제공하는 식재료이다. 심장, 간 등 주요 장기의 건강을 유지하는 데 도움이 되며, 전체적으로 양질의 영양을 공급하기에 좋다.

재료(g) \ 몸무게(kg)	5	10	15	20
대구살	62	105	148	189
달걀	38	64	90	115
백미밥	16	28	40	50
단호박	50	85	120	156
당근	34	57	80	104
애호박	76	129	182	234
브로콜리	30	53	75	96
검은깨	0.1	0.3	0.6	1
올리브유	0.1	0.2	0.3	0.4

대구 / Cod

소고기 들깨밥

재료
소고기, 백미밥, 느타리버섯, 다채, 단호박, 당근, 들깨가루, 올리브유

조리 과정
① 소고기를 한입 크기로 자른 후 백미밥과 함께 완전히 익힌다.
② 단호박, 당근, 느타리버섯을 잘게 다진 후 완전히 익을 때까지 삶는다.
③ 다채는 잘게 다져서 살짝 데친 후 ②에 섞는다.
④ 완성된 재료를 그릇에 담고 올리브유와 들깨가루를 첨가한다.

포인트 재료 : 느타리버섯
느타리버섯은 비만 예방에 도움이 된다. 단, 버섯 특유의 질감으로 인해 소화가 어려울 수 있으므로 최대한 다져서 사용한다.

재료(g) \ 몸무게(kg)	5	10	15	20
소고기	75	125	175	227
백미밥	16	28	40	50
느타리버섯	53	90	127	163
다채	58	98	139	178
단호박	50	86	121	156
당근	34	57	80	104
들깨가루	0.2	0.3	0.4	0.5
올리브유	0.1	0.3	0.5	0.7

느타리버섯
Oyster mushroom

망고 소고기구이

재료
소고기, 흑미밥, 배추, 파프리카, 케일, 오이, 망고, 올리브유

조리 과정
① 소고기를 한입 크기로 자른 후 팬에 완전히 굽는다.
② 케일을 잘게 다지고 배추는 한입 크기로 자른 후, 완전히 익을 때까지 삶는다.
③ 오이와 파프리카를 잘게 다져서 팬에 볶는다.
④ 흑미밥과 ②, ③을 혼합하여 그릇에 담는다.
⑤ 마지막으로 소고기, 올리브유, 망고를 올려준다.

포인트 재료 : 오이
반려견의 수분 대사와 해열에 도움이 된다. 단단한 재료이므로 소화 흡수율을 높일 수 있는 제형으로 만드는 것이 좋다.

재료(g) \ 몸무게(kg)	5	10	15	20
소고기	75	125	175	227
흑미밥	8	13	18	24
배추	68	115	162	208
파프리카	64	108	153	197
케일	30	53	75	95
오이	37	62	88	113
망고	14	24	34	43
올리브유	0.1	0.2	0.3	0.4

오이
Cucumber

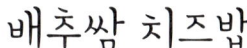

배추쌈 치즈밥

재료
소고기, 백미밥, 두부, 무염치즈, 브로콜리, 배추, 블루베리, 올리브유

조리 과정
① 소고기와 브로콜리는 잘게 다지고 블루베리를 으깨서 함께 섞는다.
② 배추를 잎만 삶아서 준비한다.
③ ①을 ②에 싸서 완전히 익을 때까지 찐다.
④ 두부를 10분 정도 삶은 후 백미밥, 무염치즈와 섞는다.
⑤ 그릇에 ④를 담고 ③을 한입 크기로 잘라 올린 다음, 올리브유를 첨가한다.

포인트 재료 : 블루베리
블루베리는 반려견의 자연식에 다양한 용도로 사용할 수 있다. 심장과 신장의 건강을 유지하는 데 도움을 주며 안구 건강에도 좋다. 단, 지나치게 많이 급여하면 산 과다로 위에 부담이 될 수 있으므로 주의한다.

재료(g) \ 몸무게(kg)	5	10	15	20
소고기	37	63	88	113
백미밥	16	28	40	50
두부	30	50	72	92
무염치즈	18	31	44	57
브로콜리	47	79	112	144
배추	51	86	120	156
블루베리	42	70	100	128
올리브유	0.1	0.2	0.3	0.4

블루베리
Blueberry

멜론 듬뿍 영양식

재료
닭가슴살, 백미밥, 감자, 팽이버섯, 샐러리, 브로콜리, 멜론, 올리브유

조리 과정
① 닭가슴살을 한입 크기로 자른 후 팬에 완전히 익도록 굽는다.
② 감자, 샐러리, 브로콜리, 팽이버섯을 잘게 다진 후 완전히 익힌다.
③ 멜론은 한입 크기로 잘라둔다.
④ 백미밥과 ②를 섞어 그릇에 담고 ①, ③, 올리브유를 첨가한다.

포인트 재료 : 멜론
멜론은 반려견에게 수분을 보충해주며 특유의 단맛으로 기호성이 우수하다. 여름에 급여할 경우 해열 및 수분 보충 효과가 있다.

재료(g) \ 몸무게(kg)	5	10	15	20
닭가슴살	84	142	200	256
백미밥	13	22	32	41
감자	14	24	34	43
팽이버섯	22	38	54	69
샐러리	146	246	348	446
브로콜리	15	26	37	48
멜론	32	54	76	98
올리브유	0.1	0.3	0.4	0.5

멜론
Melon

스페셜 명태 프라이

재료
명태살, 달걀, 백미밥, 감자, 파프리카, 애호박, 브로콜리, 크랜베리, 락토프리 우유, 올리브유

조리 과정
① 감자, 파프리카, 애호박, 브로콜리를 잘게 다진 후 팬에 완전히 볶는다.
② 명태살을 삶은 후 ①에 백미밥과 함께 섞는다.
③ 락토프리 우유와 달걀을 섞어 풀어준 다음, 팬에 올리브유를 넣어 프라이 한다.
④ 그릇에 완성된 재료를 담고 크랜베리를 토핑 한다.

포인트 재료 : 크랜베리
반려견의 비뇨기계 관리에 도움이 된다. 좋은 콜레스테롤을 높여주고 나쁜 콜레스테롤을 낮춰주는 효과가 있어 유용하다.

재료(g) \ 몸무게(kg)	5	10	15	20
명태살	75	126	177	227
달걀	38	64	90	115
백미밥	10	20	28	36
감자	12	20	30	39
파프리카	43	72	102	130
애호박	64	107	152	195
브로콜리	15	26	37	48
크랜베리	2	4	6	8
락토프리 우유	10	12	15	20
올리브유	0.1	0.2	0.3	0.4

크랜베리
Cranberry

양고기 새우국

재료
양고기, 새우살, 무, 애호박, 표고버섯, 양배추, 살구, 올리브유

조리 과정
① 무, 애호박, 표고버섯, 양배추를 잘게 다진 후 삶아서 완전히 익힌다.
② 새우살을 물에 삶은 다음 갈아서 준비한다.
③ 양고기를 물에 삶아 불순물을 제거한 후 새우살과 함께 섞는다.
④ 그릇에 완성된 재료를 담고 살구, 올리브유를 첨가한다.

포인트 재료 : 양배추
양배추는 반려견의 소화기관에 도움이 되는 재료이다. 생것을 급여할 경우 장내 가스를 발생시킬 수 있으므로 주의한다.

재료(g) \ 몸무게(kg)	5	10	15	20
양고기	35	59	83	107
새우살	15	26	37	48
무	30	53	75	96
애호박	76	129	182	234
표고버섯	45	76	108	138
양배추	47	79	112	144
살구	14	23	33	43
올리브유	0.1	0.2	0.3	0.4

양배추
Cabbage

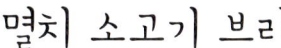

멸치 소고기 브리

🐾 재료
소고기, 멸치, 병아리콩, 다시마, 목이버섯, 케일, 근대, 올리브유, 참기름

🐾 조리 과정
① 목이버섯을 잘게 다진 후 완전히 삶고, 케일과 근대는 작게 잘라 데친다.
② 병아리콩을 완전히 익을 때까지 삶는다.
③ 소고기를 다진 후 올리브유와 함께 완전히 볶는다.
④ 냄비에 멸치와 다시마를 넣어 완전히 삶는다.
⑤ 완성된 재료를 그릇에 담고 참기름을 첨가한다.

🐾 포인트 재료 : 케일
케일은 칼슘을 많이 함유하고 있어 반려견의 뼈 건강에 도움이 된다. 단, 식감이 질기므로 반려견이 소화하기 쉽도록 제형을 바꿔주는 것이 좋다.

재료(g) \ 몸무게(kg)	5	10	15	20
소고기	37	63	88	113
멸치	21	36	50	66
병아리콩	7	11	15	20
다시마	7	12	17	22
목이버섯	63	106	150	192
케일	47	79	112	144
근대	68	115	162	208
올리브유	0.1	0.2	0.3	0.4
참기름	0.1	0.3	0.5	0.8

케일
Kale

fall

가을

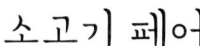

소고기 페어

재료
소고기, 백미밥, 청경채, 완두콩, 양배추, 콜리플라워, 배, 올리브유

조리 과정
① 청경채, 콜리플라워, 양배추는 잘게 다진다.
② 소고기는 한입 크기로 자른 후 완전히 익을 때까지 삶는다.
③ 냄비에 ①의 재료와 완두콩, 백미밥을 넣어 완전히 익을 때까지 삶는다.
④ 그릇에 완성된 재료를 담고 배를 갈아서 올리브유와 함께 올린다.

포인트 재료 : 청경채
칼슘이 풍부하고 구하기 쉬워 손쉽게 자연식 재료로 사용할 수 있다. 단, 결석 질환이 있는 반려견에게는 사용하지 않는 것이 좋다.

재료(g) \ 몸무게(kg)	5	10	15	20
소고기	75	145	215	285
백미밥	12	23	35	47
청경채	27	52	78	103
완두콩	5	9	14	18
양배추	11	22	33	43
콜리플라워	22	42	63	84
배	27	53	80	106
올리브유	0.1	0.2	0.3	0.4

청경채
Bok choy

단호박 야채비빔

재료
소고기, 현미밥, 단호박, 상추, 브로콜리, 양배추, 토란, 검은깨, 올리브유

조리 과정
① 토란, 브로콜리, 상추, 양배추를 잘게 다져서 완전히 삶는다.
② 단호박을 삶아서 으깬다.
③ 소고기는 잘게 다진 후 완전히 익을 때까지 삶는다.
④ ②, ③과 현미밥을 함께 섞는다.
⑤ 그릇에 ①을 담고 ④를 올린 다음, 검은깨와 올리브유를 첨가한다.

포인트 재료 : 상추
상추는 수분 공급에 도움이 되는 좋은 재료이다. 칼로리가 낮아서 다이어트가 필요한 반려견에게 좋다.

재료(g) \ 몸무게(kg)	5	10	15	20
소고기	70	125	170	227
현미밥	7	12	18	23
단호박	68	110	160	208
상추	45	75	108	138
브로콜리	15	25	37	48
양배추	30	53	75	96
토란	7	12	17	22
검은깨	1	2	3	4
올리브유	0.1	0.3	0.4	0.5

상추
Lettuce

에그 팬케이크

재료
닭가슴살, 달걀, 백미밥, 강낭콩, 브로콜리, 당근, 밤, 새싹채소, 올리브유

조리 과정
① 닭가슴살을 한입 크기로 잘라 완전히 삶는다.
② 밤과 강낭콩을 삶아서 으깬다.
③ 당근을 얇게 채썰어 달걀과 함께 섞은 후 팬에 완전히 굽는다.
④ 브로콜리를 한입 크기로 자른 후 완전히 삶아 백미밥과 섞는다.
⑤ ②, ③, ④를 그릇에 담고 ①을 올린다.
⑥ 마지막으로 새싹채소, 올리브유를 첨가한다.

포인트 재료 : 밤
신장이 약한 반려견에게 도움을 주는 재료로 가을이 제철이다. 단, 생으로 급여하면 소화불량의 원인이 될 수 있으므로 주의해야 한다.

재료(g) \ 몸무게(kg)	5	10	15	20
닭가슴살	67	113	160	205
달걀	14	24	34	44
백미밥	13	22	32	40
강낭콩	3	4	6	8
브로콜리	63	106	150	192
당근	68	115	162	208
밤	6	10	14	18
새싹채소	1	1.2	1.3	1.5
올리브유	0.1	0.3	0.4	0.5

밤 / Chestnut

쌀국수 스크럼블

재료
닭가슴살, 달걀 노른자, 쌀국수, 양송이버섯, 마, 브로콜리, 파프리카, 락토프리 우유, 올리브유

조리 과정
① 닭가슴살, 양송이버섯, 마, 브로콜리, 파프리카를 잘게 다진다.
② 쌀국수를 물에 완전히 삶은 다음 한입 크기로 자른다.
③ 냄비에 락토프리 우유를 넣고 ①을 섞어 완전히 익힌다.
④ 팬에 올리브유를 넣고 달걀 노른자를 풀어 스크램블 한다.
⑤ 그릇에 완성된 재료를 담는다.

포인트 재료 : 양송이버섯
반려견의 피부와 염증 완화, 칼슘 흡수에 도움이 된다. 안전하게 제공하려면 조리 시 완전히 익혀야 한다.

재료(g) \ 몸무게(kg)	5	10	15	20
닭가슴살	67	113	160	205
달걀 노른자	5	9	13	16
쌀국수	5	10	15	20
양송이버섯	82	138	195	250
마	33	55	79	100
브로콜리	30	53	75	95
파프리카	43	72	102	130
락토프리 우유	10	12	16	20
올리브유	0.1	0.2	0.3	0.4

양송이버섯
Button mushroom

소고기 완자탕

재료
소고기, 현미가루, 브로콜리, 상추, 배추, 무, 만가닥버섯, 올리브유

조리 과정
① 소고기, 만가닥버섯, 브로콜리, 상추, 배추를 잘게 다진 후 현미가루와 혼합하여 둥근 볼 모양을 만든다.
② 무는 슬라이스 하여 자른다.
③ 냄비에 물 100ml와 함께 ①을 넣어 완전히 익힌다.
④ ③이 익으면 ②를 넣고 더 익힌다.
⑤ 그릇에 완성된 재료를 담고 올리브유를 첨가한다.

포인트 재료 : 배추
반려견의 몸을 따뜻하게 하는 성질이 있고 체내 나트륨 배출을 돕는 유익한 재료이다.

재료(g) \ 몸무게(kg)	5	10	15	20
소고기	75	125	175	227
현미가루	6	11	16	20
브로콜리	15	25	37	48
상추	22	38	80	69
배추	102	172	243	312
무	63	105	150	192
만가닥버섯	53	90	127	163
올리브유	0.1	0.3	0.4	0.5

배추
Chinese cabbage

연어 흑미 특식

재료
연어, 흑미밥, 완두콩, 애호박, 당근, 청경채, 배, 올리브유

조리 과정
① 당근, 애호박, 청경채, 완두콩은 한입 크기로 자른 후 완전히 삶는다.
② 연어는 잘게 잘라서 준비한다.
③ 냄비에 물 50ml와 함께 ②와 흑미밥을 넣어 완전히 익힌다.
④ 완성된 재료를 그릇에 담고 배를 한입 크기로 잘라 올린다.
⑤ 마지막으로 올리브유를 첨가한다.

포인트 재료 : 연어
반려견에게 높은 소화흡수율을 자랑하는 재료이다. 건조한 피부를 가진 반려견에게 도움을 주고 항산화, 항염증 등의 기능이 우수하다.

재료(g) \ 몸무게(kg)	5	10	15	20
연어	100	169	235	300
흑미밥	6	10	18	24
완두콩	6	11	15	20
애호박	76	129	182	234
당근	34	57	80	104
청경채	74	125	177	227
배	28	48	68	87
올리브유	0.1	0.2	0.3	0.4

연어
Salmon

원기회복 기장탕

재료
소고기, 기장밥, 애호박, 당근, 무, 노란색 파프리카, 다시마, 사과, 올리브유

조리 과정
① 무와 다시마를 잘게 다진 후 물 100ml와 함께 육수를 만든다.
② 당근, 애호박은 잘게 다진 후 ①에 넣고 완전히 익힌다.
③ 소고기, 파프리카를 잘게 다진 후 팬에 올리브유를 넣어 완전히 익을 때까지 볶는다.
④ 그릇에 기장밥과 완성된 재료를 담고 사과를 첨가한다.

포인트 재료 : 소고기
노령의 반려견에게 우수한 재료로 원기 보충에 도움이 된다. 빈혈 예방에 효과가 좋으며 다양한 채소와 함께 급여하면 영양 밸런스에 도움이 된다.

재료(g) \ 몸무게(kg)	5	10	15	20
소고기	75	125	175	227
기장밥	6	11	16	20
애호박	50	86	120	155
당근	17	28	40	52
무	63	106	150	192
노란색 파프리카	43	72	100	130
다시마	2	3	4	5
사과	12	20	29	38
올리브유	0.1	0.3	0.4	0.5

소고기
Beef

홍시 잡채밥

재료
돼지고기, 당면, 애호박, 브로콜리, 팽이버섯, 새송이버섯, 홍시, 참기름

조리 과정
① 브로콜리, 팽이버섯, 새송이버섯, 애호박을 잘게 다진 후 완전히 삶는다.
② 당면을 물에 완전히 삶은 후 잘게 다진다.
③ 돼지고기를 잘게 다진 후 팬에 참기름과 함께 완전히 볶는다.
④ ③에 ①, ②를 섞어 홍시와 버무려서 그릇에 담는다.

포인트 재료 : 당면
저칼로리 재료지만 포만감을 주기 때문에 다이어트가 필요한 반려견에게 도움이 된다. 단, 질길 수 있으므로 충분히 삶아서 사용한다.

재료(g) \ 몸무게(kg)	5	10	15	20
돼지고기	50	84	118	150
당면	28	48	68	88
애호박	50	85	120	155
브로콜리	30	53	75	95
팽이버섯	55	95	135	173
새송이버섯	53	90	128	164
홍시	6	11	15	20
참기름	0.1	0.2	0.3	0.4

당면
Cellophane noodles

소고기 동그랑땡

재료
소고기, 메추리알, 현미가루, 청경채, 양송이버섯, 단호박, 잣, 올리브유

조리 과정
① 소고기는 잘게 다져서 준비한다.
② 청경채, 양송이버섯을 잘게 다진 후 완전히 익히고 단호박을 삶아서 으깬다.
③ ①, ②를 혼합하고 현미가루와 메추리알을 넣어 납작하게 만든다.
④ 팬에 올리브유를 넣고 ③을 노릇노릇하게 굽는다.
⑤ 그릇에 완성된 재료를 담고 잣을 올린다.

포인트 재료 : 현미가루
반려견에게 균형 있는 영양소를 제공하는 재료이다. 식이섬유가 풍부하여 변비에 도움이 되며 기호 증진에도 효과적이다.

재료(g) \ 몸무게(kg)	5	10	15	20
소고기	60	100	140	180
메추리알	10	19	28	35
현미가루	6	11	16	20
청경채	74	125	177	227
양송이버섯	45	77	108	138
단호박	34	57	80	104
잣	0.6	1	1.5	1.8
올리브유	0.1	0.2	0.3	0.4

현미가루

연어 두유탕

재료
연어, 수수밥, 시금치, 새싹채소, 파슬리, 두유, 올리브유

조리 과정
① 연어를 한입 크기로 잘라 완전히 삶는다.
② 시금치는 한입 크기로 자른다.
③ 팬에 수수밥, 두유, 시금치를 넣고 완전히 익을 때까지 볶는다.
④ 그릇에 완성된 재료를 담고 새싹채소, 파슬리, 올리브유를 올린다.

포인트 재료 : 시금치
반려견의 안구와 체력 강화에 도움을 준다. 단, 칼슘과 결합하면 결석의 원인이 될 수 있으므로 주의하여 사용한다.

재료(g) \ 몸무게(kg)	5	10	15	20
연어	70	115	149	190
수수밥	10	16	23	30
시금치	14	23	33	43
새싹채소	1	1.2	1.5	1.8
파슬리	4	7	10	12
두유	40	75	105	135
올리브유	0.1	0.2	0.3	0.4

시금치
Spinach

winter

겨울

닭가슴살 야채볶음

🐾 재료
닭가슴살, 오트밀, 파프리카, 브로콜리, 새송이버섯, 무, 배추, 참기름

🐾 조리 과정
① 닭가슴살을 한입 크기로 자르고 냄비에 오트밀과 함께 완전히 삶는다.
② 새송이버섯, 브로콜리, 무, 파프리카, 배추를 한입 크기로 자른 후 잘 익을 때까지 삶는다.
③ 팬에 ①, ②의 재료를 넣고 참기름과 함께 2분 정도 볶는다.
④ 그릇에 완성된 재료를 담는다.

🐾 포인트 재료 : 오트밀
반려견의 피부에 도움을 주는 재료이다. 단, 오트밀 자체를 사용할 경우 소화흡수율이 낮을 수 있기 때문에 가루로 만들어 사용할 것을 권장한다.

재료(g) \ 몸무게(kg)	5	10	15	20
닭가슴살	84	142	200	256
오트밀	7	10	16	20
파프리카	20	36	50	65
브로콜리	15	26	37	48
새송이버섯	20	36	50	65
무	63	105	150	192
배추	50	86	120	156
참기름	0.1	0.3	0.4	0.5

오트밀
Oatmeal

순두부 바나나덮밥

재료
소고기, 백미밥, 순두부, 연근, 브로콜리, 무, 바나나, 무순, 올리브유

조리 과정
① 소고기를 한입 크기로 자른 후 완전히 익힌다.
② 냄비에 순두부와 백미밥을 넣고 3분 정도 익힌 후 소고기를 섞는다.
③ 무를 슬라이스 하고, 브로콜리를 한입 크기로 자르며, 연근을 잘게 다진 후에 완전히 삶는다.
④ 그릇에 ②를 담고 ③을 올린 후 바나나와 무순을 섞어 토핑 한다.
⑤ 올리브유를 첨가한다.

포인트 재료 : 연근
연근은 반려견의 위장 기능에 도움이 된다. 또한 몸을 따뜻하게 해주는 효과가 있어 날씨가 추울 때 자연식에 응용하면 유용하다.

재료(g) \ 몸무게(kg)	5	10	15	20
소고기	40	100	140	180
백미밥	13	22	32	40
순두부	36	60	86	110
연근	27	46	65	83
브로콜리	30	53	75	96
무	47	79	112	144
바나나	10	17	24	30
무순	1	2	3	4
올리브유	0.1	0.2	0.3	0.4

연근
Lotus root

단호박 수제비

🐾 재료
소고기, 쌀가루, 단호박, 고구마, 케일, 팽이버섯, 토마토, 올리브유

🐾 조리 과정
① 소고기를 잘게 다진 후 완전히 익힌다.
② 단호박을 찐 다음 쌀가루와 반죽하여 한입 크기의 수제비를 만든다.
③ 고구마, 케일, 팽이버섯을 잘게 다진 다음 완전히 삶는다.
④ 토마토의 껍질을 제거하고 물 100ml와 함께 익힌다.
⑤ ④에 ①, ②, ③을 넣고 3분 정도 익힌다.
⑥ 그릇에 ⑤를 담고 올리브유를 첨가한다.

🐾 포인트 재료 : 팽이버섯
반려견의 장 건강 유지와 식이섬유 공급에 도움이 되는 재료이다. 다만, 조리 시 반드시 완전히 가열한다.

재료(g) \ 몸무게(kg)	5	10	15	20
소고기	75	125	175	227
쌀가루	5	9	13	17
단호박	85	143	203	260
고구마	4	7	10	12
케일	30	53	75	96
팽이버섯	22	38	54	69
토마토	58	98	139	178
올리브유	0.1	0.2	0.3	0.4

팽이버섯
Enoki mushroom

귤 자연식

🐾 재료
닭가슴살, 백미밥, 배추, 오이, 양배추, 다채, 귤, 올리브유

🐾 조리 과정
① 닭가슴살을 한입 크기로 자른 후 완전히 삶는다.
② 양배추, 다채, 배추는 잘게 다지고 오이는 슬라이스 하여 완전히 익힌다.
③ 귤은 껍질을 제거하고 알맹이만 준비한다.
④ 백미밥과 ①, ②를 그릇에 담고 귤, 올리브유를 올린다.

🐾 포인트 재료 : 귤
식욕 부진에 걸린 반려견의 식욕을 증진시키고, 정상 체온을 유지할 수 있도록 도와준다.

재료(g) \ 몸무게(kg)	5	10	15	20
닭가슴살	84	142	200	256
백미밥	16	28	40	50
배추	136	230	325	416
오이	74	125	177	227
양배추	15	26	37	48
다채	58	98	139	178
귤	10	18	26	33
올리브유	0.1	0.3	0.4	0.5

귤
Mandarin

딸기 미역 특식

재료
닭가슴살, 백미밥, 시금치, 무, 미역, 딸기, 올리브유

조리 과정
① 닭가슴살을 잘게 다지고 백미밥과 함께 완전히 삶는다.
② 시금치와 미역은 잘게 다지고 무는 슬라이스 한 후 완전히 삶는다.
③ 딸기를 으깨어 ①에 버무린다.
④ 그릇에 완성된 재료를 담고 올리브유를 첨가한다.

포인트 재료 : 무
무는 반려견의 소화를 촉진시키는 역할을 한다. 하지만 고유의 쓴맛이 있으므로 이를 제거하고 사용할 것을 권장한다.

재료(g) \ 몸무게(kg)	5	10	15	20
닭가슴살	84	142	200	256
백미밥	16	28	40	50
시금치	14	23	33	43
무	52	85	125	160
미역	6	10	15	19
딸기	29	49	89	89
올리브유	0.1	0.3	0.4	0.5

무
Radish

달콤한 파래 자연식

재료
돼지고기, 백미밥, 파래, 샐러리, 쑥갓, 적양배추, 키위, 올리브유

조리 과정
① 파래를 물에 15분 정도 끓여 염분을 없앤 후 물기를 제거한다.
② 돼지고기를 한입 크기로 자른 후 완전히 삶고 ①을 섞는다.
③ 샐러리, 적양배추, 쑥갓을 잘게 다진 후 잘 익힌다.
④ 그릇에 ②를 담고 백미밥과 ③을 올린다.
⑤ 마지막으로 올리브유와 키위를 토핑 한다.

포인트 재료 : 파래
칼슘이 풍부한 재료이다. 식생활상 인 함량이 칼슘보다 높기 쉬운 반려견에게 칼슘을 보충해주기에 좋다.

재료(g) \ 몸무게(kg)	5	10	15	20
돼지고기	50	84	118	152
백미밥	13	22	32	40
파래	74	125	177	227
샐러리	87	147	208	267
쑥갓	23	39	55	70
적양배추	24	40	59	75
키위	6	10	19	19
올리브유	0.1	0.2	0.3	0.4

파래
Green laver

단호박 우유조림

재료
닭다리살, 기장, 단호박, 무, 무잎, 당근, 파프리카, 락토프리 우유, 아마씨유

조리 과정
① 닭다리살을 한입 크기로 잘라 완전히 삶는다.
② 단호박을 잘 익도록 삶아 락토프리 우유, 닭다리살을 넣고 섞는다.
③ 당근, 파프리카, 무잎을 잘게 다지고 무는 슬라이스 하여 완전히 삶는다.
④ ②에 기장을 넣고 걸쭉하게 끓인다.
⑤ 완성된 재료를 그릇에 담고 아마씨유를 첨가한다.

포인트 재료 : 기장
비타민B군과 비타민A가 풍부하다. 다만, 백미보다 소화 흡수율이 낮으므로 완전히 익혀서 사용하는 것이 좋다.

재료(g) \ 몸무게(kg)	5	10	15	20
닭다리살	55	94	132	169
기장	7	12	16	20
단호박	34	57	80	104
무	62	105	150	192
무잎	37	62	88	113
당근	17	28	40	52
파프리카	43	72	100	130
락토프리 우유	10	13	17	20
아마씨유	0.2	0.3	0.4	0.6

기장
Millet

아귀 수수밥

재료
아귀살, 닭가슴살, 수수밥, 아스파라거스, 상추, 양배추, 콜리플라워, 올리브유

조리 과정
① 아스파라거스를 얇게 어슷썰기 한다.
② 아귀살과 닭가슴살을 한입 크기로 자른 후 완전히 익을 때까지 삶는다.
③ 상추, 양배추, 콜리플라워를 잘게 다진 후 ①, 올리브유와 함께 팬에 볶는다.
④ 그릇에 수수밥을 담고 ②, ③을 올린다.

포인트 재료 : 아스파라거스
반려견의 신장에 좋으며 단백질 합성에 도움이 된다. 해독 성분이 함유되어 있으므로 디톡스 관리에 유용하다.

재료(g) \ 몸무게(kg)	5	10	15	20
아귀살	67	112	158	200
닭가슴살	50	85	120	153
수수밥	10	16	23	30
아스파라거스	55	94	132	170
상추	22	38	54	69
양배추	47	79	112	144
콜리플라워	45	76	108	138
올리브유	0.1	0.2	0.3	0.4

아스파라거스
Asparagus

달걀 무염치즈 오믈렛

재료
참치, 달걀, 락토프리 우유, 무염치즈, 백미밥, 파프리카, 올리브유

조리 과정
① 파프리카를 잘게 다진 후 절반을 백미밥, 무염치즈와 함께 버무린다.
② 참치를 잘게 다진 후 나머지 파프리카와 함께 팬에 올리브유를 두르고 볶는다.
③ 믹싱볼에 락토프리 우유와 달걀을 넣어 섞는다.
④ 팬에 ③을 얇게 펴주고 ①을 넣은 다음 달걀옷을 덮어준다.
⑤ 그릇에 ④를 담고 ②를 올린다.

포인트 재료 : 무염치즈
소화흡수율이 높은 식재료로 반려견에게 영양은 물론 기호성까지 충족시켜준다. 성장기 반려견에게 양질의 영양을 공급하며 뇌 발달에 유용하다.

무염치즈
Saltless cheese

재료(g) \ 몸무게(kg)	5	10	15	20
참치	33	56	79	100
달걀	20	36	50	66
락토프리 우유	16	27	39	50
무염치즈	18	30	44	57
백미밥	13	22	32	40
파프리카	45	75	110	140
올리브유	0.1	0.2	0.3	0.4

양고기 영양국

🐾 재료
양고기, 현미밥, 단호박, 표고버섯, 고구마, 유자, 잣가루, 올리브유

🐾 조리 과정
① 양고기를 끓는 물에 완전히 삶는다.
② 단호박, 표고버섯, 껍질을 벗긴 유자를 잘게 다진다.
③ 냄비에 ②와 현미밥을 넣어 완전히 익힌다.
④ 고구마를 찐 후 잣가루와 섞어 볼 모양으로 만든다.
⑤ 그릇에 ①과 ③을 담고 ④을 올린 후, 올리브유를 첨가한다.

🐾 포인트 재료 : 표고버섯
소화에 도움이 되는 재료이다. 비만인 반려견의 체중 관리에 도움이 된다.

재료(g) \ 몸무게(kg)	5	10	15	20
양고기	44	74	104	133
현미밥	7	12	18	23
단호박	68	115	162	208
표고버섯	45	76	108	138
고구마	6	10	15	20
유자	10	18	25	32
잣가루	0.5	1	1	1.5
올리브유	0.1	0.2	0.3	0.4

표고버섯
Shiitake

개의 삶은 짧다.
그것만이 개의 유일한 단점이다.

-아그네스 슬라이 턴불

chapter 3

체내 기능 강화에 도움이 되는 반려견 자연식

01

심장에
도움이 되는
자연식

크랜베리 현미 라이스

재료
닭가슴살, 현미가루, 양송이버섯, 팽이버섯, 파슬리, 양배추, 크랜베리, 검은깨, 올리브유

조리 과정
① 양송이버섯, 팽이버섯, 양배추를 잘게 다져서 완전히 삶는다.
② 닭가슴살을 잘게 다진 후 현미가루를 섞어 완전히 익힌다.
③ 그릇에 완성된 재료를 담고 파슬리, 검은깨, 크랜베리를 토핑 한다.
④ 올리브유를 첨가한다.

포인트 재료 : 파슬리
파슬리는 반려견의 심장을 튼튼하게 해주고 질병에 대한 저항력을 높여준다. 또한 배변 활동을 원활하게 하여 소화기관에 도움을 준다.

재료(g) \ 몸무게(kg)	5	10	15	20
닭가슴살	84	142	200	256
현미가루	6	10	15	20
양송이버섯	54	92	130	165
팽이버섯	45	75	108	138
파슬리	4	7	10	12
양배추	30	53	75	95
크랜베리	2	2	3	4
검은깨	1	1	2	2
올리브유	0.2	0.3	0.4	0.5

파슬리
Parsley

녹두 버섯국

재료
소고기, 녹두, 양송이버섯, 만가닥버섯, 브로콜리, 무염버터, 락토프리 우유, 아마씨유

조리 과정
① 양송이버섯, 만가닥버섯, 브로콜리를 잘게 다진다.
② 냄비에 락토프리 우유와 ①의 재료와 녹두를 넣고 완전히 익힌다.
③ 소고기를 한입 크기로 자른 후 팬에 무염버터를 넣고 볶는다.
④ 그릇에 ②를 담고 ③을 올린 후, 아마씨유를 첨가한다.

포인트 재료 : 녹두
녹두는 성장기 반려견에게 도움이 되며, 심장 기능을 강화시켜주는 재료이다. 단, 단단하기 때문에 충분히 익혀서 급여해야 한다.

재료(g) \ 몸무게(kg)	5	10	15	20
소고기	75	125	177	227
녹두	7	10	15	20
양송이버섯	40	69	97	125
만송이버섯	26	45	63	82
브로콜리	30	53	75	95
무염버터	0.5	1	2	2
락토프리 우유	7	12	15	20
아마씨유	0.1	0.2	0.3	0.4

녹두 / Mung beans

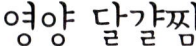

영양 달걀찜

재료
소고기, 백미밥, 달걀, 팽이버섯, 오이, 파슬리, 올리브유

조리 과정
① 소고기를 잘게 다져서 올리브유와 함께 팬에 완전히 볶는다.
② 냄비에 물 200ml와 함께 달걀을 풀어 달걀물을 만든다.
③ 팽이버섯, 오이를 잘게 다진 후 ②에 넣고 완전히 익힌다.
④ 그릇에 백미밥과 완성된 재료를 담고 파슬리를 첨가한다.

포인트 재료 : 달걀
달걀은 필수아미노산을 모두 함유하고 있어 반려견에게 양질의 단백질을 제공한다. 가열할 경우 흰자와 노른자를 함께 제공하는 것이 영양 균형에 도움이 된다. 생으로 줄 경우 흰자는 빼야 한다.

재료(g) \ 몸무게(kg)	5	10	15	20
소고기	45	75	106	135
백미밥	15	28	40	50
달걀	30	47	68	88
팽이버섯	90	153	215	277
오이	74	125	177	227
파슬리	6	9	13	17
올리브유	0.1	0.2	0.3	0.4

달걀

양고기 쑥갓볶음

재료
양고기, 백미밥, 표고버섯, 쑥갓, 상추, 골드키위, 올리브유

조리 과정
① 양고기를 갈아서 준비한다.
② 표고버섯, 쑥갓, 상추, 골드키위를 잘게 다진 후 양고기와 버무린다.
③ 팬에 올리브유와 함께 ②를 넣어 완전히 볶는다.
④ 그릇에 백미밥과 함께 완성된 재료를 담는다.

포인트 재료 : 골드키위
골드키위는 단맛이 나지만 칼로리는 낮다. 반려견의 심장 건강 유지에 도움이 된다.

골드키위
Golden kiwi fruit

재료(g) \ 몸무게(kg)	5	10	15	20
양고기	44	74	104	133
백미밥	15	28	40	50
표고버섯	68	115	162	208
쑥갓	35	59	83	107
상추	45	76	108	138
골드키위	15	27	38	49
올리브유	0.1	0.2	0.3	0.4

연어 두부 스프

재료
연어, 멸치, 병아리콩, 두부, 애호박, 고구마, 청경채, 오트밀가루, 올리브유

조리 과정
① 병아리콩을 완전히 익을 때까지 삶는다.
② 두부와 연어를 완전히 삶아서 섞는다.
③ 멸치를 잘게 다진 후 삶아서 염분을 제거하고 애호박, 고구마, 청경채를 잘게 다진 후 완전히 익힌다.
④ ③과 오트밀가루를 섞어 버무린다.
⑤ 그릇에 완성된 재료를 담고 올리브유를 첨가한다.

포인트 재료 : 멸치
멸치는 반려견의 골밀도를 형성하는 데 도움이 된다. 또한 심장 건강을 유지하는 데에도 매우 좋다.

재료(g) \ 몸무게(kg)	5	10	15	20
연어	60	100	59	183
멸치	8	14	20	25
병아리콩	7	10	15	20
두부	20	34	48	60
애호박	50	85	120	155
고구마	7	11	16	20
청경채	37	62	88	113
오트밀가루	3	4	5	7
올리브유	0.1	0.2	0.3	0.4

멸치
Anchovy

02

신장에
도움이 되는
자연식

대추 밤죽

재료
닭가슴살, 현미밥, 새송이버섯, 밤, 배추, 대추, 올리브유

조리 과정
① 닭가슴살을 잘게 다져서 완전히 삶는다.
② 새송이버섯, 배추를 잘게 자른 후 현미밥과 함께 완전히 익힌다.
③ 밤과 대추를 완전히 삶은 다음 믹서에 간다.
④ 그릇에 완성된 재료를 담고 올리브유를 첨가한다.

포인트 재료 : 대추
대추는 반려견의 신장 건강 유지에 도움이 된다. 단, 열량이 높으므로 소량씩 제공하는 것이 좋다.

재료(g) \ 몸무게(kg)	5	10	15	20
닭가슴살	84	142	200	256
현미밥	7	12	18	23
새송이버섯	42	72	102	130
밤	18	30	40	54
배추	68	115	162	208
대추	1	3	4	5
올리브유	0.1	0.2	0.3	0.4

대추
Jujube

모둠콩 자연식

재료
닭가슴살, 백미밥, 병아리콩, 단호박, 감자, 검은콩, 돌나물, 올리브유

조리 과정
① 단호박과 감자를 한입 크기로 자른 후 완전히 익을 때까지 찐다.
② 검은콩, 병아리콩을 삶아서 익힌 후 ①에 섞는다.
③ 돌나물을 잘게 다지고 백미밥과 함께 섞는다.
④ 닭가슴살을 잘게 다진 후 ③과 섞어 완전히 익힌다.
⑤ 그릇에 완성된 재료를 담고 올리브유를 첨가한다.

포인트 재료 : 검은콩
신장의 열을 낮춰주는 재료로 콩 자체는 물론 육수로도 활용이 가능하다.

재료(g) \ 몸무게(kg)	5	10	15	20
닭가슴살	84	142	200	256
백미밥	8	14	20	25
병아리콩	2	4	5	6
단호박	85	143	203	260
감자	9	15	20	26
검은콩	6	10	15	19
돌나물	37	62	88	113
올리브유	0.1	0.3	0.4	0.5

검은콩
Chick peas

쉬림프 포크 라이스

재료
돼지고기, 새우살, 백미밥, 파프리카, 애호박, 양송이버섯, 목이버섯, 올리브유

조리 과정
① 파프리카, 애호박, 양송이버섯, 목이버섯을 잘게 다진다.
② 새우살을 믹서에 간 다음 ①을 섞어 완전히 익힌다.
③ 돼지고기를 잘게 다진 후 백미밥과 함께 팬에 완전히 볶는다.
④ 그릇에 완성된 재료를 담고 올리브유를 첨가한다.

포인트 재료 : 새우살
칼슘이 많이 함유된 재료로 반려견의 뼈와 이빨에 도움이 된다. 무염 처리한 새우살은 신장 건강에 도움이 되지만 소량을 제공하는 것이 좋다.

재료(g) \ 몸무게(kg)	5	10	15	20
돼지고기	40	67	95	120
새우살	15	26	37	48
백미밥	16	28	40	50
파프리카	16	28	40	50
애호박	76	129	182	234
양송이버섯	82	138	195	250
목이버섯	63	106	150	192
올리브유	0.1	0.2	0.3	0.4

새우살
Shrimp

감자볶음 자연식

재료
소고기, 백미밥, 아스파라거스, 감자, 당근, 검은깨, 올리브유

조리 과정
① 아스파라거스와 감자를 한입 크기로 자른 후 완전히 볶는다.
② 소고기와 당근을 잘게 다진다.
③ 팬에 ①, ②의 재료와 올리브유, 백미밥을 넣고 완전히 볶는다.
④ 완성된 재료를 그릇에 담고 검은깨를 토핑 한다.

포인트 재료 : 감자
반려견의 체내에서 불필요한 나트륨을 배출시키는 역할을 한다. 가열해서 제공해야 하며 과잉으로 주면 탄수화물 과다로 비만 등의 문제가 생길 수 있으므로 주의한다.

재료(g) \ 몸무게(kg)	5	10	15	20
소고기	75	125	177	227
백미밥	10	20	28	36
아스파라거스	93	156	220	284
감자	12	20	28	36
당근	50	86	120	156
검은깨	1	2	3	3
올리브유	0.1	0.3	0.4	0.5

감자
Potato

검은콩 오이 특식

재료
닭가슴살, 멸치, 백미밥, 검은콩, 낫토, 오이, 다시마, 올리브유

조리 과정
① 오이, 다시마, 닭가슴살을 잘게 다져서 팬에 완전히 볶는다.
② 멸치를 물에 삶아 염분을 제거한 후 잘게 다진다.
③ 검은콩을 완전히 익을 때까지 삶는다.
④ 백미밥, 검은콩, 멸치를 섞는다.
⑤ 완성된 재료를 그릇에 담고 낫토, 올리브유를 첨가한다.

포인트 재료 : 다시마
다시마는 반려견의 소변 배출을 원활하게 하는 역할을 하며 또한 호르몬 관리에도 유용하다. 그 외 후코이단 성분이 함유되어 있어 면역력 향상에 도움이 된다.

재료(g) \ 몸무게(kg)	5	10	15	20
닭가슴살	84	142	200	256
멸치	9	15	20	26
백미밥	16	28	40	50
검은콩	3	4	5	7
낫토	6	10	15	18
오이	74	125	177	227
다시마	13	20	30	40
올리브유	0.1	0.3	0.4	0.5

다시마
Kelp

03

간에
도움이 되는
자연식

소고기 쑥갓죽

🐾 재료
소고기, 현미밥, 쑥갓, 새싹채소, 올리브유

🐾 조리 과정
① 현미밥을 짓는다.
② 쑥갓을 잘게 다져서 완전히 익힌 후 ①과 섞는다.
③ 소고기를 한입 크기로 잘라서 올리브유와 함께 완전히 익을 때까지 굽는다.
④ 그릇에 완성된 재료를 담고 새싹채소를 첨가한다.

🐾 포인트 재료 : 쑥갓
입맛이 없는 반려견의 식욕을 증진시키고 신진 대사를 활발하게 해 간 건강에 도움이 된다.

쑥갓
Crown daisy

재료(g) \ 몸무게(kg)	5	10	15	20
소고기	75	125	175	227
현미밥	7	12	18	23
쑥갓	58	98	139	178
새싹채소	1	2	4	7
올리브유	0.1	0.2	0.3	0.4

곤약 결명자차 자연식

🐾 재료
돼지고기, 현미밥, 곤약, 브로콜리, 검은깨, 결명자, 새싹채소, 올리브유

🐾 조리 과정
① 곤약을 얇게 썰어 물기를 제거한다.
② 돼지고기를 잘게 다진 후 완전히 삶은 다음 현미밥과 섞는다.
③ 브로콜리를 한입 크기로 자른 후 완전히 익힌다.
④ 그릇에 완성된 재료를 담고 새싹채소, 검은깨, 올리브유를 첨가한다.
⑤ 결명자를 우려낸 육수를 20ml 정도 추가한다.

🐾 포인트 재료 : 곤약
수분이 95% 이상 함유된 식재료로 수분 보충 효과가 있다. 또한 칼로리가 낮아서 다이어트가 필요한 반려견에게 유익하다.

재료(g) \ 몸무게(kg)	5	10	15	20
돼지고기	50	84	118	150
현미밥	7	12	18	23
곤약	30	35	40	45
브로콜리	47	79	112	144
검은깨	1	3	4	4
결명자	2	4	5	6
새싹채소	0.2	0.3	0.4	0.5
올리브유	0.1	0.2	0.3	0.4

곤약
Devil's-tongue jelly

모둠버섯 자연식

재료
돼지고기, 백미밥, 표고버섯, 새송이버섯, 양송이버섯, 느타리버섯, 유채나물, 들깨가루, 올리브유

조리 과정
① 돼지고기를 잘게 다진 후 완전히 삶는다.
② 백미밥과 들깨가루를 섞는다.
③ 유채나물, 표고버섯, 새송이버섯, 양송이버섯, 느타리버섯을 잘게 다져서 완전히 삶는다.
④ 완성된 재료를 그릇에 담고 올리브유를 첨가한다.

포인트 재료 : 들깨가루
들깨가루는 반려견의 피부와 간 건강에 좋은 역할을 한다. 하지만 지나치게 많이 급여하면 설사나 구토를 유발할 수 있으므로 용량 설정이 매우 중요하다.

재료(g) \ 몸무게(kg)	5	10	15	20
돼지고기	50	84	118	152
백미밥	13	22	32	40
표고버섯	45	76	108	138
새송이버섯	43	72	102	130
양송이버섯	54	92	130	166
느타리버섯	35	60	84	108
유채나물	30	50	72	92
들깨가루	1	1.2	1.5	2
올리브유	0.1	0.2	0.3	0.4

들깨가루
Perilla powder

쥐눈이콩밥

재료
소고기, 백미밥, 쥐눈이콩, 새송이버섯, 블루베리, 참기름

조리 과정
① 쥐눈이콩을 삶아서 완전히 익힌 후 백미밥에 섞는다.
② 소고기를 한입 크기로 잘라서 완전히 삶는다.
③ 새송이버섯을 잘게 다진 후 완전히 익힌 다음 블루베리와 섞는다.
④ 완성된 재료를 그릇에 담고 참기름을 첨가한다.

포인트 재료 : 쥐눈이콩
쥐눈이콩은 반려견의 혈액 순환을 촉진시켜 간 건강에 도움을 준다. 비만인 반려견에게도 유익하며 검은콩으로 대체할 수 있다.

재료(g) \ 몸무게(kg)	5	10	15	20
소고기	75	125	175	227
백미밥	8	14	20	25
쥐눈이콩	6	11	15	20
새송이버섯	53	90	127	164
블루베리	52	88	125	160
참기름	0.1	0.2	0.3	0.4

낫토 멸치 버무리

재료
돼지고기, 멸치, 백미밥, 낫토, 배추, 구기자, 올리브유

조리 과정
① 배추와 돼지고기를 잘게 다진 후 팬에 완전히 볶는다.
② 멸치를 물에 삶아 염분을 제거한 후 건져서 잘게 다진다.
③ 백미밥, 낫토, 멸치를 섞는다.
④ 그릇에 완성된 재료를 담고 구기자와 올리브유를 첨가한다.

포인트 재료 : 낫토
영양소가 풍부하여 반려견에게 양질의 영양을 공급할 수 있다. 근육 생성과 뼈, 치아 형성, 간 기능 향상에 도움이 된다.

재료(g) \ 몸무게(kg)	5	10	15	20
돼지고기	35	59	83	106
멸치	13	22	30	39
백미밥	13	22	32	40
낫토	4	6	10	12
배추	65	143	200	260
구기자	3	5	7	10
올리브유	0.1	0.2	0.3	0.4

낫토
Natto

04

소화기관에
도움이 되는
자연식

두부 메밀 부침밥

재료
돼지고기, 백미밥, 메밀가루, 두부, 숙주나물, 양배추, 파프리카, 올리브유

조리 과정
① 두부를 10분 정도 삶고 돼지고기를 잘게 다진 후 삶는다.
② 숙주나물, 양배추, 파프리카를 잘게 다져 백미밥과 함께 완전히 삶아 익힌다.
③ 두부를 한입 크기로 자른 후 메밀가루를 묻혀 팬에 올리브유와 함께 노릇노릇하게 굽는다.
④ 그릇에 완성된 재료를 담는다.

포인트 재료 : 두부
두부는 반려견의 소화흡수율을 높여주며 체내 노폐물 배출에도 도움이 된다. 단, 일반 두부의 경우 나트륨 함량이 다소 높으므로 이를 꼭 제거해야 한다.

재료(g) \ 몸무게(kg)	5	10	15	20
돼지고기	35	60	83	106
백미밥	13	20	32	41
메밀가루	1	3	4	4
두부	30	51	72	92
숙주나물	150	265	375	480
양배추	47	30	112	144
파프리카	43	72	102	130
올리브유	0.1	0.2	0.3	0.4

두부

대구 도토리묵 자연식

재료
대구살, 백미밥, 도토리묵, 무염치즈, 배추, 흰깨, 김, 아마씨유

조리 과정
① 도토리묵을 삶아서 한입 크기로 자른다.
② 대구살을 삶아서 건져낸 후 백미밥과 무염치즈를 넣고 섞는다.
③ 배추를 잘게 다져서 완전히 익힌 후 흰깨를 넣고 버무린다.
④ 완성된 재료를 그릇에 담고 김, 아마씨유를 첨가한다.

포인트 재료 : 도토리묵
도토리묵은 반려견의 체내 유해물질과 중금속을 배출하는 데 도움을 주는 재료이다. 단, 지나치게 많이 주면 변비 등의 문제가 생길 수 있으므로 소량을 급여한다.

재료(g) \ 몸무게(kg)	5	10	15	20
대구살	62	105	148	189
백미밥	8	14	20	25
도토리묵	32	54	128	98
무염치즈	47	79	110	142
배추	56	96	133	175
흰깨	1	2	2	3
김	2	4	6	8
아마씨유	0.2	0.3	0.4	0.6

도토리묵
Acorn jello

토란볶음 펫밥

재료
소고기, 조밥, 양송이버섯, 브로콜리, 토란, 올리브유

조리 과정
① 소고기를 한입 크기로 자른 후 완전히 익을 때까지 삶는다.
② 브로콜리를 한입 크기로 자르고 양송이버섯을 잘게 자른다.
③ 토란을 믹서에 갈아서 준비한다.
④ 양송이버섯, 브로콜리, 토란, 올리브유를 넣고 완전히 볶는다.
⑤ 그릇에 조밥과 완성된 재료를 담는다.

포인트 재료 : 토란
칼로리가 고구마의 1/2로 반려견에게 우수한 재료이다. 소화흡수율이 높으며 콜레스테롤 수치를 감소시키고 설사에 도움이 된다.

토란
Taro

재료(g) \ 몸무게(kg)	5	10	15	20
소고기	75	126	177	227
조밥	7	12	16	20
양송이버섯	68	115	162	208
브로콜리	30	53	75	95
토란	20	36	52	66
올리브유	0.1	0.2	0.3	0.4

칼슘 듬뿍 딸기밥

재료
메추리알, 멸치, 백미밥, 단호박, 양상추, 콜리플라워, 딸기, 올리브유

조리 과정
① 멸치를 삶아서 염분을 제거하고 잘게 다진다.
② 메추리알을 삶아서 멸치와 버무린다.
③ 단호박, 양상추, 콜리플라워를 한입 크기로 자른 후 완전히 익을 때까지 삶는다.
④ 백미밥과 딸기를 버무린다.
⑤ 그릇에 완성된 재료를 담고 올리브유를 첨가한다.

포인트 재료 : 메추리알
소화기관에 도움이 되는 재료로 성장기나 노령기 반려견에게 더욱 유용하다. 영양이 풍부하여 자연식뿐만 아니라 간식 등 활용도가 높으며 원기 회복에 도움이 된다.

재료(g) \ 몸무게(kg)	5	10	15	20
메추리알	29	49	70	89
멸치	20	36	51	66
백미밥	13	22	32	41
단호박	34	57	80	104
양상추	47	79	112	144
콜리플라워	30	51	72	92
딸기	73	123	174	223
올리브유	0.2	0.3	0.4	0.5

메추리알
Quail egg

망고 가자미구이

재료
가자미살, 완두콩, 백미밥, 파슬리, 케일, 망고, 올리브유

조리 과정
① 가자미살을 한입 크기로 자른 후 팬에 올리브유와 함께 완전히 굽는다.
② 완두콩을 완전히 삶고 백미밥과 섞는다.
③ 케일을 잘게 다져서 익힌 후에 망고, 파슬리와 섞는다.
④ 그릇에 완성된 재료를 담는다.

포인트 재료 : 망고
망고는 반려견의 잦은 구토와 소화 불량에 도움이 된다. 하지만 망고의 특정 성분에 알레르기 반응이 있을 수 있으므로 자가 테스트가 필요하다.

재료(g) \ 몸무게(kg)	5	10	15	20
가자미살	82	138	195	250
완두콩	10	17	23	30
백미밥	8	14	20	25
파슬리	4	7	10	12
케일	26	44	62	80
망고	14	24	34	43
올리브유	0.1	0.2	0.3	0.4

망고

05

면역력에
도움이 되는
자연식

가지볶음 자연식

재료
소고기, 현미밥, 가지, 고구마, 빨간색 파프리카, 락토프리 우유, 올리브유

조리 과정
① 락토프리 우유에 현미밥을 섞어 걸쭉해질 때까지 끓인다.
② 고구마와 소고기를 한입 크기로 자른 후 완전히 삶는다.
③ 가지와 파프리카를 잘게 다진 후 팬에 올리브유와 함께 완전히 볶는다.
④ 그릇에 완성된 재료를 담는다.

포인트 재료 : 우유
우유에 함유된 풍부한 칼슘은 반려견에게 매우 유용하고 면역력 증강에 도움이 된다. 다만, 반려견은 유당을 분해할 수 없기 때문에 펫 전용 우유 또는 락토프리 우유를 사용해야 한다.

재료(g) \ 몸무게(kg)	5	10	15	20
소고기	70	125	170	227
현미밥	5	8	12	16
가지	45	76	108	138
고구마	6	10	14	18
빨간색 파프리카	64	108	153	197
락토프리 우유	33	55	78	100
올리브유	0.1	0.2	0.3	0.4

우뭇가사리 야채믹스 펫밥

🐾 재료
돼지고기, 수수밥, 우뭇가사리, 파프리카, 애호박, 가지, 토마토, 올리브유

🐾 조리 과정
① 토마토를 삶아서 껍질을 벗겨 준비한다.
② 돼지고기를 잘게 다져서 완전히 익힌 후에 토마토와 섞는다.
③ 파프리카, 애호박, 가지를 잘게 다지고 팬에 올리브유와 함께 완전히 볶는다.
④ 우뭇가사리를 잘게 자르고 수수밥에 섞는다.
⑤ 그릇에 완성된 재료를 담는다.

🐾 포인트 재료 : 수수
수수는 반려견의 단백질 합성을 촉진시키는 데 도움이 되는 재료이다. 염증 완화 효과도 있다.

재료(g) \ 몸무게(kg)	5	10	15	20
돼지고기	50	84	118	152
수수밥	10	16	23	30
우뭇가사리	10	20	30	40
파프리카	43	13	19	25
애호박	50	86	120	156
가지	54	92	130	165
토마토	29	49	69	89
올리브유	0.1	0.2	0.3	0.4

수수 / Sorghum

감자 무염치즈볶음

재료
소고기, 렌틸콩, 현미밥, 감자, 브로콜리, 파프리카, 무염치즈, 올리브유

조리 과정
① 소고기를 잘게 다진 후 현미밥, 렌틸콩과 함께 완전히 삶는다.
② 감자를 삶아서 으깬다.
③ 브로콜리와 파프리카를 잘게 다져서 완전히 익힌다.
④ 감자, 브로콜리, 파프리카, 무염치즈를 섞어 팬에 올리브유를 넣은 후 약 3분 정도 볶는다.
⑤ 그릇에 완성된 재료를 담는다.

포인트 재료 : 렌틸콩
식물성 단백질이지만 영양이 매우 우수하여 반려견 건강에 좋은 재료이다. 면역력을 높여주는 성분을 함유하고 있어 반려견의 전체적인 영양 증진에 도움이 된다.

재료(g) \ 몸무게(kg)	5	10	15	20
소고기	75	125	175	227
렌틸콩	4	5	8	10
현미밥	2	3	5	7
감자	14	24	34	43
브로콜리	47	79	112	144
파프리카	43	72	102	130
무염치즈	47	79	110	142
올리브유	0.1	0.3	0.4	0.5

렌틸콩
Rentils

낫토 토핑 라이스

재료
닭가슴살, 백미밥, 낫토, 톳, 노란색 파프리카, 열무, 올리브유

조리 과정
① 닭가슴살을 잘게 잘라 완전히 삶는다.
② 톳을 물에 삶아서 다진 후 백미밥에 섞는다.
③ 파프리카와 열무를 잘게 다져서 팬에 완전히 볶는다.
④ 그릇에 완성된 재료를 담고 낫토, 올리브유를 첨가한다.

포인트 재료 : 올리브유
반려견에게 식물성 지방을 공급하는 유용한 재료이다. 비타민E가 풍부하게 함유되어 면역력과 항산화 능력 향상에 도움이 된다.

재료(g) \ 몸무게(kg)	5	10	15	20
닭가슴살	84	142	200	256
백미밥	16	28	40	50
낫토	2	3	4	6
톳	29	49	69	89
노란색 파프리카	64	108	153	197
열무	46	78	110	142
올리브유	0.1	0.3	0.4	0.5

올리브유
Olive oil

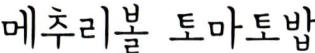

메추리볼 토마토밥

재료
소고기, 메추리알, 백미밥, 오트밀가루, 옥수수알, 브로콜리, 토마토, 올리브유

조리 과정
① 메추리알을 완전히 삶는다.
② 소고기, 옥수수알, 브로콜리를 잘게 다져서 오트밀가루와 섞는다.
③ ①을 ②로 싸서 찐다.
④ 토마토를 완전히 익힌 후 백미밥과 함께 섞는다.
⑤ 그릇에 완성된 재료를 담고 올리브유를 첨가한다.

포인트 재료 : 토마토
토마토는 반려견의 세포를 보호해주는 기능이 있다. 또한 면역력을 향상시켜주며 간과 심장 건강 유지에 도움이 된다.

재료(g) \ 몸무게(kg)	5	10	15	20
소고기	37	63	88	113
메추리알	29	50	70	89
백미밥	13	22	32	40
오트밀가루	1	1	2	3
옥수수알	3	4	5	7
브로콜리	78	132	187	240
토마토	58	98	139	178
올리브유	0.1	0.2	0.3	0.4

토마토
Tomato

개들은 사랑에 대해
거짓말을 하지 않는다.

-제프리 무사예프 메슨

chapter 4

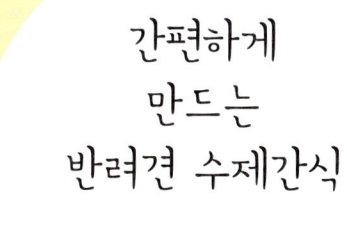

간편하게
만드는
반려견 수제간식

간편하게 만드는 반려견 수제간식 레시피

수제 닭고기 소시지

🐾 **재료**
닭고기 200g, 현미가루 40g, 당근 10g, 파프리카 15g, 파슬리 1g

🐾 **조리 과정**
① 닭고기를 곱게 갈아서 현미가루와 섞는다.
② 당근, 파프리카, 파슬리를 잘게 다진다.
③ ①, ②를 혼합하여 랩에 싸서 속이 완전히 익을 때까지 찜기에 찐다.
④ 먹기 좋은 크기로 자른다.

소고기 새싹 푸딩

🐾 **재료**
소고기 80g, 한천가루 10g, 브로콜리 분말 2g, 새싹채소 1g

🐾 **조리 과정**
① 냄비에 물을 넣고 한천가루를 넣어 불린다.
② 소고기를 넣고 끓여서 고기를 익힌 다음, 브로콜리 분말을 ①에 넣고 다시 끓인다.
③ 끈적해졌는지 확인한 후에 그릇에 담아 새싹채소를 올린 후 단단해질 때까지 냉장실에서 식힌다.

오리고기 컵케이크

🐾 **재료**
오리고기 200g, 쌀가루 50g, 블루베리 3g, 파프리카 20g, 토마토 10g, 코코넛파우더 5g

🐾 **조리 과정**
① 오리고기를 갈아서 쌀가루와 함께 섞는다.
② 예열된 오븐에 고기가 속까지 익었는지 확인하면서 익힌다.
③ 고기가 익으면 블루베리, 파프리카, 토마토, 코코넛파우더를 취향대로 올린다.
④ 전자레인지에서 2~3분 정도 한 번 더 익힌다.

단호박죽

🐾 **재료**
닭가슴살 60g, 단호박 200g, 목이버섯 10g

🐾 **조리 과정**
① 닭가슴살을 삶아서 준비한다.
② 목이버섯을 충분히 불리고 잘게 다져서 준비한다.
③ 단호박을 깨끗하게 씻어서 1차로 익힌 다음 냄비에 닭가슴살과 함께 넣는다.
④ ③을 끓이면서 ②를 넣고 잘 저은 후 식혀서 완성한다.

우유 큐브

🐾 **재료**
락토프리 우유 1L, 한천가루 20g

🐾 **조리 과정**
① 락토프리 우유에 한천가루를 넣고 20분 정도 불린다.
② ①을 냄비에 넣어 한 번 끓인 후 사각 트레이에 붓는다.
③ ②를 냉동 또는 냉장실에서 식힌다.
④ 단단해진 것을 확인한 후에 식품건조기에서 섭씨 60도로 5~6시간 건조시킨다.

3색 시리얼

🐾 **재료**
닭가슴살 80g, 쌀가루 60g, 달걀 20g, 천연블루베리파우더 5g, 천연단호박파우더 5g, 천연당근파우더 5g

🐾 **조리 과정**
① 닭가슴살을 믹서에 갈고 달걀과 함께 섞는다.
② ①의 반죽 혼합이 완성되면 쌀가루를 넣고 덩어리가 없도록 잘 섞어서 뭉쳐준다.
③ ②의 반죽이 완성되면 3등분하여 반죽을 나눈 후, 각각의 반죽에 블루베리파우더, 단호박파우더, 천연당근파우더를 혼합하여 3가지 색상의 반죽을 만든다.
④ 짤주머니에 깍지를 사용하지 않고 끝을 작게 자른 후 원을 그리며 짠다.
⑤ 예열된 오븐 160도에서 약 15분가량 굽는다.

바나나 쿠키

🐾 **재료**
달걀 30g, 쌀가루 80g, 바나나 60g, 올리브유 3g

🐾 **조리 과정**
① 바나나를 곱게 으깬다.
② 달걀을 ①에 넣고 섞는다.
③ 쌀가루를 ②에 넣어 뭉치지 않도록 섞고 올리브유를 첨가한다.
④ 베이킹 매트에 쌀가루를 소량 뿌리고 반죽을 얇게 편다.
⑤ 쿠키 틀로 원하는 모양을 찍어 오븐팬에 올린다.
⑥ 예열된 오븐 180도에서 약 10분가량 굽는다.

수박 아이스크림

🐾 **재료**
락토프리 우유 200ml, 닭가슴살 50g, 수박 50g, 아이스크림 몰드

🐾 **조리 과정**
① 닭가슴살을 믹서에 곱게 갈아 완전히 익힌다.
② 수박은 흰 부분과 빨간 부분을 혼합하여 믹서에 간다.
③ 믹싱볼에 갈아진 닭가슴살과 수박을 넣고 우유를 넣어서 섞는다.
④ 아이스크림 몰드에 ③을 넣어 냉동실에서 완전히 얼린다.

고구마 쉬폰 케이크

🐾 **재료**
고구마 150g, 달걀 30g, 올리브유 3g

🐾 **조리 과정**
① 고구마를 삶아서 껍질을 모두 벗기고 으깨서 준비한다.
② 믹싱볼에 으깬 고구마와 달걀 노른자를 함께 넣어 잘 섞는다.
③ 달걀 흰자는 매우 단단하게 머랭을 친다.
④ 준비한 머랭을 ②의 믹싱볼에 혼합한다.
⑤ 케이크 몰드에 반죽을 넣는다.
⑥ 예열된 오븐 180도에서 약 10분가량 굽는다.

야채 스틱

 재료
당근 20g, 노란색 파프리카 50g, 빨간색 파프리카 20g, 브로콜리 10g, 닭가슴살 400g

 조리 과정
① 닭가슴살을 믹서에 곱게 갈아서 준비한다.
② 당근과 브로콜리를 믹서에 갈고, 노란색 파프리카와 빨간색 파프리카를 잘게 다진다.
③ 믹싱볼에 ①, ②를 모두 넣고 골고루 섞는다.
④ 짤주머니에 혼합된 재료를 넣고 원하는 크기로 끝을 자른다.
⑤ 건조기 트레이에 스틱으로 길게 짠다.
⑥ 건조기 온도를 70도로 설정하고 8시간가량 건조시킨다.

펫베이글

 재료
통밀가루 80g, 단호박 100g, 바나나 40g, 블루베리 10g, 무염치즈 20g, 올리브유 4g

조리 과정
① 단호박을 완전히 익을 때까지 찐 다음 껍질을 분리한다.
② 믹싱볼에 ①의 단호박과 통밀가루, 올리브유를 넣어 뭉치지 않도록 반죽한다.
③ ②의 반죽이 잘 뭉쳐지면 블루베리를 넣고 가볍게 섞는다.
④ 반죽을 25g씩 나누어 밀대로 밀어서 편다.
⑤ 반죽이 일정하게 펴지면 촘촘하게 돌돌 만다.
⑥ ⑤의 반죽을 동그랗게 말아서 끝부분이 떨어지지 않도록 꼼꼼히 붙인다.
⑦ 예열된 오븐에 180도로 12분가량 굽는다.
⑧ 완성된 베이글을 반으로 잘라 바나나와 무염치즈를 가운데에 넣는다.

강아지가 우리의 얼굴을
핥아주는 것보다 훌륭한
정신 치료사는 없다.

-번 윌리엄스

chapter 5

반려견 자연식 Q&A

Q&A

Q 1. 자연식을 시작한 이후 물을 먹지 않아요.

A. 반려견이 자연식을 하면 식단에 포함된 야채, 육수 등의 수분도 함께 섭취하게 됩니다. 따라서 사료를 섭취할 때보다 먹는 물의 양이 크게 줄어듭니다. 적게는 40%에서 많게는 80%까지 줄어들 수 있습니다. 이는 몸에서 필요로 하는 수분이 순수한 물이 아닌 야채 등에 함유된 수분으로 충족된 것이니 크게 걱정하지 않아도 됩니다.

Q 2. 자연식을 시작한 이후 설사를 하거나 변이 묽어졌어요.

A. 자연식을 시작하고 변이 묽어지는 것은 평소보다 수분 섭취 양이 증가하여 나타나는 증상이기도 합니다. 이런 경우 육수나 국물을 사용하는 레시피는 물의 양을 감소시켜주길 권합니다. 또한 천연 재료로 만든 식사를 함으로써 장이 정돈되고 장내 세균이 더욱 활성화되어 나타나는 증상일 수 있습니다. 자연식에 대한 장의 적응이 끝나면 변은 정상으로 돌아옵니다.

Q 3. 자연식을 한꺼번에 많이 만들었어요. 유통 기한과 보관 방법은 어떻게 되나요?

A. 자연식의 경우 만든 날을 기준으로 냉장 보관 3일 내에 소진하는 것이 좋습니다. 3일 내에 소진이 어렵다면 냉동 보관을 하되, 약 2주가 지나면 영양소가 거의 파괴되므로 이 경우에도 2주 내에 소진하는 것이 좋습니다. 냉장 또는 냉동 상태의 자연식을 차갑게 급여하면 설사 등을 일으킬 수 있으므로 따뜻하게 데워서 공급할 것을 권장합니다.

Q 4. 자연식을 하면 이빨 관리는 어떻게 하는 것이 좋을까요?

A. 사료를 제공하면 알갱이 표면이 이빨에 마찰을 주어 이빨 관리에 도움이 되지만, 자연식은 그 기능이 다소 낮습니다. 따라서 자연식을 제공한 후에 양치질을 해주어야 이빨을 더욱 건강하게 관리할 수 있습니다.

Q 5. 자연식과 사료를 혼합 급여해도 문제가 되지 않나요?

A. 혼합 급여를 해도 반려견은 편식 없이 잘 먹을 것입니다. 하지만 이런 급여 방식은 권하지 않습니다. 사료와 자연식은 소화흡수 시간이 일정하지 않기 때문에 소화 과정이 각각 다르고, 소화 능력이 약한 반려견은 소화기관에 부담이 될 수 있습니다. 따라서 사료를 급여하는 반려견의 경우, 앞에서 언급한 바와 같이 주 5일 동안 사료를 주었다면 2일은 자연식을 주는 등의 방법으로 급여할 것을 추천합니다.

Q 6. 자연식을 강아지와 고양이 두 아이에게 똑같이 공급해도 괜찮을까요?

A. 강아지와 고양이는 대표적인 반려동물이라는 공통점이 있습니다. 하지만 영양적 측면에서 강아지와 고양이는 엄밀히 다릅니다. 따라서 반려견을 위한 자연식 레시피는 반려견에만 적용하는 것이 바람직합니다. 고양이에게는 영양상 알맞지 않은 레시피가 될 수 있어요.

Q&A

Q 7. 특정 재료만 골라내면서 먹지 않아요. 어떻게 공급해야 하는지 알려주세요.

A. 아무리 잘게 다져줘도 신기하게 그것만 골라내는 반려견이 있습니다. 만약 레시피에 그런 재료가 있다면 그 재료는 믹서로 갈거나, 건조시킨 후 가루로 만들어 자연식에 이용하면 좋습니다. 사람에게 편식이 좋지 않듯 반려견도 마찬가지입니다. 몸에 유익한 재료를 먹지 않는 반려견을 위해 제형을 고민하는 보호자의 노력이 필요합니다.

Q 8. 자연식은 하루에 몇 번 나눠서 제공하는 것이 좋은가요?

A. 반려견 자연식은 하루 2~3회 정도가 적당합니다. 이는 성견(소형견 기준 생후 1년 이상)에 해당되며, 자견(소형견 기준 생후 1년 미만)은 하루 3~4회 정도가 적당합니다. 공복감을 자주 느끼는 반려견은 용량은 같되 횟수를 증가시키면 도움이 됩니다.

Q 9. 반려견에게 사료와 자연식 생식 중 어떤 것이 좋은가요?

A. 반려견에게 푸드의 형태는 특별하게 나쁘거나 좋은 것이 없습니다. 모두 장단점을 지니고 있으므로 반려견의 특성과 보호자의 여건에 따라 선택하는 것이 좋습니다. 만약 반려견이 사료를 먹고 있다면 부족한 수분을 보충하기 위해 자연식과 병행하는 것이 균형 잡힌 식단 관리에 좋습니다.

Q&A

Q 10. 사람이 사용하는 조리 도구를 반려견 요리에 사용해도 괜찮을까요?

A. 사람이 사용하는 조리 도구보다 자연식 전용 조리 도구를 사용할 것을 추천합니다. 교차 오염뿐만 아니라 마늘, 양파 등 반려견에게 금지된 식재료의 잔여물로 인한 문제가 생기는 것을 막을 수 있기 때문입니다.

Q 11. 재료의 형태가 변을 통해 그대로 나오면 어떻게 해야 하나요?

A. 반려견에게 제공된 자연식 재료가 변으로 나온다면 그 재료는 소화되지 않은 것입니다. 조리 과정에서 더 잘게 자르거나 익히는 시간을 늘려 쉽게 소화할 수 있도록 해주는 것이 좋습니다.

Q 12. 내 반려견에게 맞는 자연식을 쉽게 고르는 방법은 없나요?

A. 사람마다 음식에 대한 기호가 다르듯 반려견도 개체마다 기호가 다를 수 있습니다. 따라서 내 반려견이 좋아하는 재료가 무엇인지, 평소 특정 재료에 대한 과민 반응이 없는지 알아두면 자연식 선택이 보다 수월할 것입니다.

Special Thanks to

반려동물의 영양을 널리 알리기 위해 애써주시는 한국반려동물영양협회 강사님들과 제휴 파트너사 관계자 분들께 감사한 마음을 전합니다. 또한 항상 아낌없는 응원을 보내주는 가족과 지인들께도 고마운 마음을 전합니다.

매장 소개

망고네펫푸드는 2013년도 전라북도 전주에서 오픈한 반려동물을 위한 푸드 힐링 공간입니다. 망고네펫푸드는 핸드메이드 펫푸드를 기반으로 전주시 매체를 비롯한 각종 언론에도 소개되었습니다. 다양한 행사에서 망고네펫푸드의 특별한 간식을 만나보세요. 또한 반려동물 영양 전문 교육기관인 박은정 펫푸드 아카데미에서 진행되는 체계적인 교육을 통해 펫영양사의 꿈을 키워보세요.

커뮤니티

한국반려동물영양협회 홈페이지. http://www.kdcna.com
박은정 펫영양사 통합 링크 https://link.inpock.co.kr/pejpetfood

반려동물 소개

망고(말티즈)
· 우리집 서열 1위
· 2013년 4월생

베리(블랙푸들)
· 자연식을 좋아하는 순둥이
· 2016년 7월생

비투(코리아숏헤어)
· 사람을 좋아하는 개냥이
· 2017년 2월생

투투(코리아숏헤어)
· 소심한 애교쟁이
· 2017년 6월생

우리집 반려동물을 위한 또 한 권의 책!

사랑스러운 우리 고양이에게 무엇을 먹일까, 늘 마음 쓰인다면?

망고네 고양이 밥상 : 고양이가 행복해지는 레시피
박은정 지음 | 99쪽 | 값 13,000원

국내 1호 자연식관리사가 꼼꼼히 추천하는 우리 고양이 레시피!

고양이는 개와 달리 식성도 생활습관도 각각 다르고 까다롭다. 이 책에서는 망고네펫푸드 & 수제간식을 운영하는 반려동물영양 전문가이자 펫영양사인 박은정 저자가 반려묘 자연식 만드는 법을 소개하고 있다. 고양이에게 가장 중요한 단백질 식품인 소고기 · 돼지고기 등을 활용한 총 65가지 자연식 레시피와 반려묘 영양 정보 팁이 알차게 구성되어 있다.

ᴺᵉʷ 망고네 강아지 밥상

발행일 | 2021년 8월 31일

지은이 | 박은정
펴낸이 | 장재열

펴낸곳 | 단한권의책
출판등록 | 제25100-2017-000072호 (2012년 9월 14일)
주소 | 서울, 은평구 서오릉로 20길 10-6
팩스 | 070-4850-8021
이메일 | jjy5342@naver.com
블로그 | http://blog.naver.com/only1books

ISBN | 979-11-91853-00-1 13590
값 | 13,500원

파손된 책은 바꿔 드립니다.
이 저작물의 내용을 쓰고자 할 때는 저작자와 단한권의책의 허락을 받아야 합니다.